Thomas Meßenzehl

DUNKLE GESCHICHTEN AUS

Aschaffenburg

Bildnachweis: Die Bilder auf den Seiten 5 (mittelalterlicher Holzschnitt), 20 (zeitgenössische Darstellung), 22 (Kupferstich von 1811), 24, 27, 30, 39, 48, 51, 55 (mit freundlicher Genehmigung des Mittelalterlichen Kriminalmuseums Rothenburg o.d.T.), 61, 69, 76 stammen aus dem Archiv des Autors, S. 8 Museum Historiengewölbe mit Staatsverließ/Museum zur Stadtgeschichte in Rothenburg o.d.T., S. 12 von Iris Meßenzehl, S. 15 Ilona Heininger, S. 16 Stadt- und Stiftsarchiv Aschaffenburg, S. 32, 35, 36, 42, 45, 59 Archiv der Familie Gemeinhardt.

Benutzte und weiterführende Literatur:
- „Aschaffenburger Zeitung“ vom August 1856.
- „Die Hexenprozesse im Vizedomamt Aschaffenburg“, von Heinrich Fußbahn, 2006.
- „Aschaffenburger Häuserbuch VI.“, von Monika, Ebert, Geschichts- und Kunstverein Aschaffenburg e. V. 2009.
- „Aschaffenburg im zweiten Weltkrieg“, von Alois Stadtmüller (+), Aschaffenburg 1970.
- „Aschaffenburg“, von Willi Köhl, Wailandtsche Druckerei Aschaffenburg, 1935.
- „Aschaffenburger Häuserbücher“ I. – V., von Alois Grimm (+), Geschichts- und Kunstverein Aschaffenburg e. V.
- „Die Stadtverfassung Aschaffenburgs in der frühen Neuzeit, von Heinrich Fußbahn, Geschichts- und Kunstverein e. V. Aschaffenburg 2000.
- „Aschaffenburg im Mittelalter“, von Roman Fischer, Geschichts- und Kunstverein e. V. Aschaffenburg 1989.
- „Spessartgeschichten“ – eine Reise durch 100 Jahre Spessart. Herausgeber Klaus Eymann, Verlag und Druck Main Echo, Aschaffenburg 2006,
- „Heimat und Geschichte“ – Jahrgang 1940, Sonderdruck A 3 der „Aschaffenburger Zeitung“, Geschichts- und Kunstverein.
- „Spessart“ – Monatszeitschrift für die Kulturlandschaft Spessart Nummer 8/2008. Herausgeber Klaus Eymann, Verlag und Druck Main Echo, Aschaffenburg.
- „Verfolgung und Widerstand 1933-19445 am bayerischen Untermain“, von Dr. phil. Monika Schmittner, 1985/2002 Alibri-Verlag Aschaffenburg.
- „Aschaffenburg – eine Reise durch die Zeit“, von Carsten Pollnick, Geschichts- und Kunstverein e. V. Aschaffenburg 2002.
- „Menschen in Aschaffenburg“, von Hans-Bernd Spieß.
- „Die Sprengung der alten Mainbrücke März 1945“, erzählt von Familie Gemeinhardt, Aschaffenburg.
- „Geächtete Lebenswelten“, von Dr. phil. Monika Schmittner, „Spessart-Heft“ Nummer 9/2008.
- „Beobachter am Main“, Tageszeitung von Aschaffenburg 1867-1941, Quelle: Stadt- und Stiftsarchiv, Aschaffenburg.
- „Main Echo“, Heimat – und Lokalteil Januar/Februar 1981 und Juni 2001.
- „Frankfurter Allgemeine Zeitung“, Juni 2001.

1. Auflage 2019

Umschlaggestaltung: r2 | Ravenstein, Verden
Layout und Satz: Schneider Professionell Design, Schlüchtern-Elm
Druck: Druckerei Zimmermann Druck + Verlag GmbH, Balve
Buchbinderische Verarbeitung: Buchbinderei S. R. Büge, Celle

34281 Gudensberg-Gleichen, Im Wiesental 1
Tel. 0 56 03 - 9 30 50 www.wartberg-verlag.de
ISBN 978-3-8313-3261-8

Vorwort

Liebe Leserinnen und Leser,

„Wo viel Licht ist, ist auch viel Schatten.“ Nichts ist wohl treffender, als dieses Zitat von Johann Wolfgang von Goethe, wenn es um die mehr als tausendjährige Geschichte der Stadt Aschaffenburg handelt.
Neben den vielen schönen Augenblicken jener friedvollen und weltoffenen Kulturstadt, erlebten ihre Bürger auch so manch bittere Momente von Not, Tod und Schrecken. Dieses Buch erzählt eben über jene „dunklen Seiten“, welche die Menschen in der Stadt, „am letzten Barthaar des Bayerischen Löwen“ einst in Atem hielten. Armut und Elend brachten selbst brave Leute auf die schiefe Bahn und ließ sie zu Verbrechern werden. Aber auch Unglücksfälle rissen die Menschen jäh aus ihrem Leben und stürzten ganze Familien ins Verderben. Auch die Region um das Bayerische Nizza blieb vor dem schrecklichen Hexenwahn nicht verschont und forderte reihum seine Opfer. Genau wie die Zeit des Zweiten Weltkrieges, als Aschaffenburg furchtbares Leid erfuhr.
Doch schildern die Geschichten nicht nur Mord und Totschlag. Es geht auch um den Schinderhannes, den Schwarzen Peter und die erste lange Museumsnacht in Aschaffenburg.

Eine spannende Lektüre mit einer guten Portion Gänsehaut wünscht Ihnen
Ihr Thomas Meßenzehl

Nierensteine und ein toter Arzt

Als Kaiser Friedrich III. im Jahre 1447 alle „führenden Köpfe des deutschen Reiches“ nach Aschaffenburg zum berühmten Aschaffenburger Kirchentag lud, nahm auch Enea Silvio de´ Piccolomini daran teil. Jener römische Gesandte sollte später als Papst Pius II. in die Geschichte eingehen. Piccolomini hielt seine Erinnerungen an unsere Stadt in einem Reisebericht fest. Darin bezeichnete er Aschaffenburg als einen „friedvollen Zufluchtsort und einer Erholungsstätte frei von allerlei Beschwerden“. Dass dem nicht immer so war, erzählt das folgende Beispiel:

Mit dem stetigen Wachsen der Ober- und Unterstadt im 12. und 13. Jahrhundert und dem Bau der Burg, wählten die Mainzer Kurfürsten und Erzbischöfe Aschaffenburg bald zur beliebten Zweitresidenz. Die Stadt wurde somit zu einer der wichtigsten Bastionen des Mainzer Erzbistums. So weilte auch der hohe Reichserzkanzler des Heiligen Römischen Reiches Gerlach von Nassau (*1322) in den Februartagen des Jahres 1371 in der alten Johannisburg und erkrankte plötzlich.

Zwei Nierensteine verhinderten den Harnabfluss. Über Tage hinweg wälzte sich der Unglückliche schmerzgeplagt auf seinem Lager. Sein Leibarzt wusste sich keinen Rat, wie er dem Schwerkranken Hilfe und Linderung verschaffen sollte. Daraufhin wurden Boten quer durchs ganze Land geschickt, um nach Heilkundigen und Ärzten zu suchen. Doch egal, welcher Medicus auch ans Krankenlager eilte, keiner vermochte den kranken Fürsten zu kurieren. Schließlich kam eines Tages – am 12. Februar – ein Arzt unbekannten Namens den weiten Weg aus Frankreich über den Rhein, um Hilfe zu bringen. All seiner heilkundigen Mühe zum Trotz verfiel der Kranke plötzlich in tiefe Bewusstlosigkeit, aus der er letztlich nicht mehr aufwachen sollte und ihn ein gnädiger Tod in Form einer Harnvergiftung von seinen Qualen erlöste.

Nachdem der Mob und Pöbel in den Gassen vom Tode des hohen Kirchenmannes (nach dem Papst zählte der Mainzer Kurfürst zum ranghöchsten Kirchenfürsten Europas!) gehört hatte,

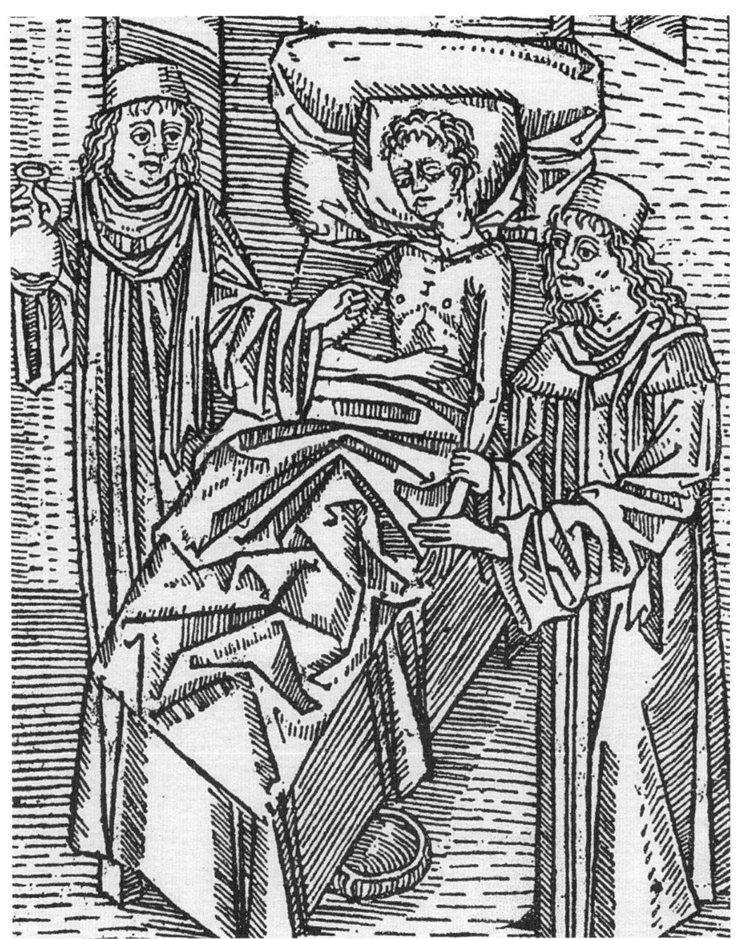

Gerlach von Nassau auf dem Krankenlager. Die Nierensteine waren schließlich sein Todesurteil (Mittelalterlicher Holzschnitt).

war rasch ein Sündenbock gefunden. In den Augen des aufgebrachten Volkes trug der französische Arzt die alleinige Schuld an der Tragödie. Er habe den Erzbischof mit einer falschen Medizin zu kurieren versucht, hieß es. Nach seiner misslungenen Anwendung wollte der glücklose Franzose wieder in seine Heimat zurückkehren und versuchte im Schutze der Nacht unbemerkt aus der Burg zu entkommen. Der Weg hin zur Mainbrücke war nicht allzu weit.

Doch plötzlich stellte sich ihm die zornige Menge in den Weg. Seine Hilfeschreie verhallten ungehört. Keine der Burgwachen oder ein anderer Mutiger machte Anstalten, dem Gefangenen zu Hilfe zu eilen. Derweil schleppten die Wütenden den Arzt hinunter an den Main, wo man ihn ertränkte. Eine alte Urkunde belegt diesen ersten Mord an einem Arzt in Aschaffenburg.

„Bekenne dich schuldig, entrinnen wirst du nicht“

Unter den „von Gott gegebenen Instrumenten zur Erlangung der Wahrheit“ – sprich der Folter – suchte der Hexenwahn mit blindwütigem Terror Europa auf das Furchtbarste heim. Auch Aschaffenburg und die umliegende Region blieben vor den Nachstellungen der „Jäger der Finsternis“ und den „Hexenriechern“ nicht verschont. Eine Welle der grausamen Hexenjagden folgte der anderen. Ausgangs des 16. Jahrhunderts und vor allem zu Beginn des 17. Jahrhunderts sollten viele unschuldige Menschen, meist Mädchen und Frauen, einen schrecklichen Feuertod finden.
Eine Quelle berichtet von einer besonders traurigen Geschichte, die sich in jener unheilvollen Zeit zugetragen hatte. Das Leben der jungen Barbara Metzger aus Kleinwallstadt wurde auf den Kopf gestellt, als man eines Tages ihren Vater Georg (einen Spielmann) im Frühjahr 1603 der Zauberei verdächtigte, ihn schuldig sprach und letztlich den „reinigenden Flammen“ übergab. Da ahnte die Ärmste noch nicht, dass ihr einige Jahre später das gleiche schreckliche Los zuteil werden sollte.
Sie heiratete einen Ulrich Schöffer aus Leider (heute ein Stadtteil von Aschaffenburg). Ende Oktober 1611 schlug das Schicksal abermals zu. Barbara wurde vom „Hasenwirt“ Johann Wieß als Hexe denunziert. Die unbarmherzigen Mühlen der Inquisition setzten sich in Gang. Ihre Häscher brachten sie nach Aschaffenburg. Nach ihrer Verhaftung sah sich die Unschuldige vor dem Blutgericht der Buhlschaft des Teufels angeklagt. Die Maleficantin wurde im November im „Cent- und Folterturm“ den schlimmsten Torturen der „peinlichen Befragung“ (Folter) unterzogen. Woraufhin sie sich ihren seelenlosen Peinigern gestän-

In der Folterkammer gestand Barbara Schöffer, das Hexenhandwerk von ihrer Mutter gelernt zu haben.

dig zeigte. Sie gab alles ihr zur Last Gelegte zu. Die Hexerei habe sie von ihrer Mutter Katharina gelernt. Diese war 1594 selbst wegen angeblicher Hexerei verhört und eine Zeit lang in Haft genommen worden.

Die gnadenlosen Hexenrichter verlangten von Barbara die Namen ihrer Gespielinnen (Teufelsdienerinnen). Unsäglichen Schmerzen ausgesetzt, nannte sie schließlich einige Namen derer, die ebenfalls als willige Helferinnen des Satans Schadenszauber in die Welt trugen. Gemeinsam mit der „Karpfenwirtin“ Margarethe Rücker und Elisabeth Strauß die „Kreutzschneiderin“ wurde auch Barbara Schöffer am 12. November zum Tode verurteilt. Während man die beiden anderen Frauen am 19. Dezember 1611 auf die Scheiterhaufen schickte, blieb Barbara Schöffer zunächst im Herstalltorturm in Haft, weil man für die geständige Teufelsbuhlin einen eigenen Gerichtstag ansetzen musste.

Die Todgeweihte kämpfte derweil verzweifelt um ihr Leben. Es gelang ihr, ausgerechnet ihren Wärter, den Schuster namens Georg Raab aus Erlabrunn, zur gemeinsamen Flucht zu überreden, die am 9. Dezember auch tatsächlich gelang. Doch Barbara und Georg durften sich ihrer Freiheit nicht allzu lange erfreuen. Nur wenige Tage später wurden die beiden in Flörsheim festgenommen und wieder nach Aschaffenburg zurückgebracht. Im anschließenden Verhör gestanden beide den Ehebruch. Georg Raab (Vater von fünf Kindern!) wurde zum Tode verurteilt. Bevor man ihn am 5. Januar 1612 mit dem Schwerte hinrichtete, schlug man ihm die rechte Hand ab. Es war die Schwurhand, mit der er als Wärter einst den Pflichteid geleistet hatte.

Barbara Schöffer unternahm einen letzten Versuch, ihren Kopf zu retten, indem sie behauptete sie sei von Georg Raab schwanger. Das verschaffte ihr zwar einen Aufschub, doch letztlich war aller Kampf vergeblich – der Mainzer Hofrat kannte kein Erbarmen. Am 19. Januar 1612 wurde Barbara Schöffer von den unerbittlichen Hexenrichtern aus dem Gefängnis geholt. Begleitet vom Gejohle der wogenden Menge und dem Läuten der „Armesünderglocke“, karrte man die vermaledeite Teufelsbuhlin auf dem schwarzen „Malefizwagen“ schließlich zum Brandplatz. Auf dem Richtplatz, der hinter der St. Agatha-Kirche lag, erfolgte zunächst die Verlesung ihrer Schandtaten und der Verkündung des Urteils. Anschließend schlug ihr der Scharfrichter den Kopf vom Rumpf und verbrannte den Leichnam.

Barbara Schöffer zählt zu den rund 320 unschuldigen Opfern aus der Region Aschaffenburg, die in der Zeit von 1592 bis 1629 durch die Hexenprozesse ihr Leben verloren.

Schutz und Wacht in dunkler Nacht

Heute tituliert man einen schlafmützigen Zeitgenossen gerne mit der redensartlichen Beschimpfung: „Du Nachwächter!“ Im Mittelalter jedoch übte der Nachtwächter eine gewichtige Funktion aus. Auch wenn jener zu den unehrlichen Berufen, wie dem des Henkers und des Schinders zählte, so war er unverzichtbar. Er sorgte für Ruhe und Ordnung, denn nur mittels seiner Tätigkeit von „Huth und Wacht“ durfte sich die schlafende Bürgerschaft einer gewissen Sicherheit erfreuen.
Seit dem 17. Jahrhundert zählte die Nachtwache zu den bürgerlichen Pflichten. Außer den Bauern des „Freihofes“ und den Bürgern, welche seit über vierzig Jahren in Aschaffenburg lebten, war nur den Fuhrleuten als Ausgleich ihrer Frondienste die „Wachfreiheit“ erlaubt. Jeder sonstige erwachsene Mann hatte Wachdienst zu leisten. Am verhasstesten jedoch war die Nachtwache, die von sechzehn Nachtwächtern über vier Teile der Stadt verteilt versehen werden musste.
Gerade in den kalten Jahreszeiten war es kein Vergnügen mit einer Hellebarde, Rufhorn und Laterne in der Hand mutterseelenallein zu mitternächtlicher Stunde auf „Feuer, Aufruhr, Unfug, unnütze Lärmerei, Gelauff, heimliche Mörderei, Dieberei, Ehebruch, Hurerei und Verdächtigkeiten“ zu achten. Und ganz ungefährlich war der Beruf auch nicht. Oft kam es vor, dass die Nachtwächter und Schleichwächter bei ihren Kontrollgängen von nächtlichen Ruhestörern angegriffen und verletzt wurden. Daher und wegen der geringen Besoldung übten die meisten von ihnen den Dienst nur kurze Zeit aus.
Ein Blick in alte Urkunden verrät, dass beispielsweise ein Spielmann, der von einem Nachtwächter nach neun Uhr abends auf der Gasse aufgegriffen wurde, im Turm eingesperrt, den Rest

Im historischen Kostüm führt der Nachtwächter heute Touristen durch das nächtliche Aschaffenburg.

der Nacht in der wenig erbaulichen Gesellschaft von Flöhen, Läusen und Ratten verbringen musste. Ein junger Bursche, den man ständig zu nachtschlafender Zeit wegen wüster Schlägereien vor dem Wirtshaus aufgriff, wurde sogar der Stadt verwiesen. Im Jahre 1626 entdeckte ein Nachtwächter dank seiner Achtsamkeit das heimliche Treiben eines Kupferschmieds. Wegen verbotener Kuppelei wurde er samt seiner Zuhälterin später vom Malefizgericht zum Tode verurteilt. Ein Teil des Vermögens jener „misstätigen Personen“ floss u.a. dem Catharinenspital („reichen Spital“) zu.

Allerdings gab es unter dem Berufstand des Nachtwächters auch einige „schwarze Schafe“. So wurde beispielsweise im Jahre 1731 ein Nachtwächter entlassen, weil er wegen des „Weinsausens“ seine Tätigkeit vernachlässigt hatte.

Durch Magistratsbeschluss hob die Stadt im November 1864 das Amt des Nachtwächters auf. Doch zehn Jahre später erkannten die Verantwortlichen im Rathaus, dass man auf Nachtwächter nicht verzichten konnte und es wurden wieder acht neue in Dienst genommen.

Heute erfährt die Tätigkeit des Nachtwächters eine neue Blüte. Als Touristenattraktion führt er, in ein historisches Kostüm gekleidet, Gäste und Besucher der Stadt durch die nächtlichen Gassen und erzählt die gern gehörten Anekdoten und Gruselgeschichten.

„Von Untieren mit Haut und Haar gefressen."

Bis in die Neuzeit gehörte der Wolf zu den dauerhaften Bewohnern des Spessarts. Die heute so streng geschützte Tierart wurde erbittert bekämpft. In der Zeit des Dreißigjährigen Krieges (1618–1648) vermehrte sich der Wolf so stark, dass er zu einer regelrechten Landplage mutierte. Er wurde nicht nur zur Gefahr für die Menschen samt ihren Haustieren, die Mainzer Kurfürsten bangten auch um das Hochwild. Ohne Hirsch und Rehe gab es keine prunkvollen Hofjagden im Spessart. Deshalb wurde die „Vertilgung des Wolfes" – die Ausrottung – im 17. und 18. Jahrhundert zum staatspolitischen Ziel erklärt. Für erlegte oder gefangene Wölfe wurden Prämien gezahlt. Wer hierbei nicht mitmachte, musste mit Strafen rechnen. Nicht nur mit Feuerwaffen, Speeren, Knüppeln auch mittels Fallgruben (gemauerter „Wolfsfang") oder Schlageisen wurde Meister „Isegrim" auf den Pelz gerückt. Insgesamt sollen die Jäger und Bauern fast zwölfhundert Wölfe getötet haben.

Letztlich brachte der kurfürstliche Oberjäger Johann Wolfgang Josef Mantel (als Revierjäger 1746–1776 im Dienst) im Jahre 1795 im Altenbucher Forst den letzten „gefräßigen vierfüßigen Räuber" zur Strecke. Wo früher die „Wolfsbuche" diese Stelle markierte, steht dort heute inzwischen eine Steinpyramide als Gedenkstein.

Kein Gedenkstein erinnert hingegen an ein besonders grausames Geschehen hundert Jahre zuvor.

Am 17. Dezember 1695 befand sich ein einsamer Reiter auf dem Weg nach Aschaffenburg. Er war im Auftrag des Mainzer Kurfürsten unterwegs, um eine wichtige Depesche an den Hörsteiner Centgrafen zu überbringen. Als er sich bereits auf dem

Im 17. Jahrhundert herrschte eine regelrechte Wolfsplage.

Rückweg befand, musste er durch eine unwegsame und winterliche Landschaft reiten. Im einsetzenden Schneegestöber nahm die Tragödie schließlich ihren Lauf. Das Pferd stürzte so schwer, dass es nicht mehr auf die Beine kam. Nachdem er der unglücklichen Kreatur den Gnadenschuss gegeben hatte, versuchte der Reiter mutterseelenalleine zu Fuß nach Aschaffenburg zu kommen. Doch allzu weit kam er nicht...

Im Morgengrauen machte eine Handvoll Waldbauern eine grausige Entdeckung. Beide – Reiter und Pferd – waren bis zur Hälfte von Wölfen gefressen worden. Der Unglückliche hatte sich bis zuletzt zur Wehr gesetzt. Nachdem er seine Patronen verschossen hatte, verteidigte er sich mit seinem Säbel gegen das Wolfsrudel. Einige Wolfskadaver säumten die blutige Stätte im Schnee.

Mit Blendgranaten und Rauchbomben

„Lieber Gott, du hast mir aus dem Mutterleib geholfen, du wirst mir auch über den Spessart helfen!“
(Stoßgebet eines Nürnberger Kaufmanns um 1800)

Der deutsche Spielfilm „Das Wirtshaus im Spessart“ von 1957 mit Lieselotte Pulver zeigt dem Zuschauer ein romantisches und komödienhaftes Bild des Spessarträubers. Und so flimmert

Ausrüstung der Räuberbande bei ihren Überfällen.

noch heute die „unwirkliche Welt“ des Räuberunwesens über Leinwand und Bildschirm. Die „aktenmäßigen Geschichten der Räuberbanden zu beiden Seiten des Maines“ von 1812, Untersuchungsberichte und die Polizeiakten rücken die Realität in ein völlig anderes Licht.
Die dünn besiedelte Waldregion des Spessarts galt bis ins 19. Jahrhundert als „Notstandsgebiet“. Von den sesshaften Bewohnern des sogenannten „Armenhauses“ lud sich kaum jemand ein Verbrechen aufs Kerbholz. Die Räuber, die im Spessart ihr Unwesen trieben, kamen von auswärts. Meist waren es Verbrecherbanden aus Brabant, Flandern, Holland, Westfalen und dem Rheinland, die in dem „Wald ohne Anfang und Ende“ ein „neues Betätigungsfeld“ fanden. Nachdem sie zuvor von den französischen und preußischen Behörden von ihren alten Tatorten vertrieben worden waren. Die Hauptblütezeit der Räuberbanden im Spessart lag etwa zwischen 1770 und 1820, eben vor der Epoche der napoleonischen Kriege und der französischen Fremdherrschaft 1806 bis 1813. Zum Unwesen, das die Räuber trieben, gehörten Betrug, Erpressung, Diebstahl, Einbruch oder Raub. Auch vor Körperverletzungen und Mord schreckten die Schurken nicht zurück.
Von einem der wohl spektakulärsten Raubüberfälle soll nun hier die Rede sein. Am 13. November 1787 fuhr die Postkutsche auf der erst neu eröffneten „Nürnberger Poststraße“ (auch als „Spessarter Chaussee“ bekannt). Die von Johann Bopp „Klemm“ angeführte Posträuberbande hatte vorher den Schauplatz des Überfalls genauestens ausbaldowert. Nichts wurde dem Zufall überlassen. Als die Postkutsche, auf der Strecke zwischen Esselbach und Rohrbrunn, eine für einen Überfall günstige Stelle, passierte, schlugen die sechs Gauner zu. Im Handumdrehen rissen sie den völlig überraschten Postillion vom Wagen.

Rauchbomben wurden gezündet. Kleine auf die Pistolenläufe gebundene Schwarzpulversäckchen explodierten beim Schuss im Inneren des Postwagens. Durch all den Lärm, Blitz, Knall und Rauch in Angst und Schrecken versetzt, stürzten die Passagiere aus der Kutsche ins Freie. Nur einer von ihnen, ein Brite besaß den Schneid sich zu wehren. Doch gegen all die Räuber hatte er keine Chance. Blutüberströmt sank der Unglückliche unter brutalen Hieben zu Boden. Johann Bopp „Klemm" hatte sich zum Schutz einen Brustpanzer aus mehreren Eisenplatten um seinen Körper montiert. Zudem trug er eine schusssichere Gesichtsmaske.

Der Überfall lohnte sich. Die beim Raub auf der neu eröffneten „Spessarter Straße" erbeuteten 5.000 fl. (Gulden) stellten eine der höchsten Geldsummen dar, welche in der Geschichte der Spessarträuber je erbeutet wurden! Doch allzu lange durften sich die erfolgreichen Posträuber nicht über ihren Coup erfreuen. Schon ein Jahr nach ihrem spektakulären Überfall wurden vier der Frevelknaben dingfest gemacht. Im polizeilichen Verhör gestand der Räuberhauptmann Johann Bopp „Klemm" zwölf weitere Überfälle auf Postkutschen. Die Spur der Verbrechen führte von Worms, Paderborn, Coburg bis hinauf nach Göttingen.

Am 30. Dezember 1789 wurden die zum Tode verurteilten Verbrecher die heutige Berliner Allee im Gefängniswagen zur Richtstätte („zum letzten Hieb") hinaufgefahren. Johann Bopp „Klemm", Sebastian Heidelmaier (auch ein Falschmünzer) und Johannes Bauer wurden durch das Schwert hingerichtet. Ihr Spießgeselle namens Fischer, wahrscheinlich der jüngste von ihnen, sollte die Enthauptung erspart bleiben. Bevor er seine lange Zuchthausstrafe antrat, musste er dem schrecklichen Ableben seiner Bandenmitglieder beiwohnen.

Vom „Schinderhannes“

Wer kennt ihn nicht – den „Schinderhannes“ (1779–1803)? Er ist zweifelsohne der bekannteste aller Räuber in Deutschland. Johannes Bückler verdankte seinen Rufnamen seiner einstigen Tätigkeit als Abdecker, eben Schinder, der er in jungen Jahren nachging. Die Bezeichnung „Robin Hood aus dem Hunsrück“ ist allerdings keineswegs zutreffend. Der Straftäter, dem weit mehr als zweihundert Straftaten zur Last gelegt wurden, war kein Wohltäter der Armen. Wenn es darauf ankam Beute zu machen, verging er sich selbst an den Ärmsten. Neben Erpressungen, Unterschlagungen, Diebstählen, Einbrüchen, Hehlerei, Überfällen und Raub schreckte der Gesetzesbrecher selbst vor Mord nicht zurück. „Schinderhannes“ nahm sich einfach was er wollte. Auch was sein Liebesleben betraf, schöpfte er aus dem Vollen. Neben der bekannten Juliana Blasius („Julchen“) soll er sich mit nicht weniger als acht Räuberbräuten vergnügt haben. Im Winter 1801 gelang ihm und seiner Bande in Merxheim bei Sobernheim ein erfolgreicher Raubzug. Bückler setzte sich daraufhin samt seiner Sore (jüdisch-deutsch = Ware) auf das rechte Rheinufer ab. Dort hielt er sich in sogenannten „kochemer Bayes“ (= vertrauten Häusern, meist handelte es sich hierbei um Gasthäuser) bis in die ersten Frühlingstage hinein versteckt.

Während dieser Zeit betrat er die „Porta principalis“ („Pforte zum Spessart“ – auch bekannt als „tausendjährige Spessartmetropole“), wie Aschaffenburg auch gern bezeichnet wird, ohne dass man ihn erkannte. Wahrscheinlich tauchte der gedungene Schurke bei Nacht und Nebel in der Stadt auf. Er kam aber keineswegs, um seinen Komplizen Conrad Eckert zu befreien. Jener war bei einer Verfolgungsjagd von der Polizei bei Hobbach/Eschau verwundet und festgenommen worden. Bei Wasser und Brot im Cent- und Fol-

Hinrichtung des Schinderhannes und 19 seiner Komplizen 1803 in Mainz (zeitgenössische Darstellung).

terturm eingekerkert, verbüßte er eine lange Haftstrafe. Sein jämmerliches Schicksal dürfte „Schinderhannes“ wohl kaum schlaflose Nächte bereitet haben. Er hatte fast einhundert Gehilfen, da kam es auf einen mehr oder weniger nicht an. Ihm war das Leben eines Menschen nicht das Schwarze unter den Fingernägeln wert.

„Schinderhannes“ kam in anderer Absicht in die Stadt. Im Schlepptau führte er nämlich sein Diebesgut aus Merxheim mit sich. Gezielt suchte er die Herberge eines Wirtes auf, der in den Kreisen des finsteren Gelichters als „kochem“ (= vertraut) galt. Nachdem er die ganze Diebesbeute verkauft hatte, verließ Johannes Bückler Aschaffenburg „wie ein Dieb in der Nacht“. Da er sich von seinen Komplizen im Stich gelassen fühlte, nahm sich der Räuber Conrad Eckert am 10. August 1802 im Gefängnis das Leben, indem er sich erhängte.

Spätere Untersuchungen am Leichnam des Johannes Bückler ergaben, dass er an Knochentuberkulose im letzten Stadium litt und das Fallbeil ihm am 21. November 1803 in Mainz einen gnädigen und raschen Tod schenkte.

Der Schwarze Peter – Räuber und Kartenspiel

Wer machte als Kind nicht die Bekanntschaft mit Ruß oder Kohle, die das Gesicht schwärzen, nachdem einem von den Mitspielern heimlich die Karte des „Schwarzen Peters“ zugeschoben wurde? Dieses alte Kartenspiel gehört zu einem der am weitesten verbreiteten seiner Art. Doch wer hat es erfunden? Man mag es kaum glauben, dass es ausgerechnet ein hoch krimineller Straftäter war. Johann Peter Petry war einer der gefährlichsten Verbrecher seiner Zeit. Als Sohn eines Köhlers geboren, musste der „Schwarze Peter“ („alter Schwarzpeter“) miterleben wie französische Soldaten sein Heim zerstörten. Seitdem wich er vom „Pfad der Tugend“ ab. Ihm wurden zahllose Delikte wie Einbruch, Diebstahl und Raubüberfälle zur Last gelegt. Zusammen mit seinem langjährigen Komplizen dem „Schinderhannes“ ermordete er den jüdischen Viehhändler Simon Seligmann. Nach seiner Verhaftung gelang ihm die Flucht aus einem Gefängnisturm. Reuelos verspürte Peter Petry den Drang nach weiteren Verbrechen. Nach einem Überfall auf eine Postkutsche im Jahre 1811, begangen von der Chawwerusche (= Räuberbande) des „Hölzerlips“, leiteten die Behörden eine groß angelegte Razzia ein. Im Verlauf der polizeilichen Ermittlungen stieß man zufällig auf einen Köhler namens Johannes Wild, der im Odenwald lebte. Dann entdeckte man dessen wahre Identität. Der Polizei war endlich der lang gesuchte „Schwarze Peter“ ins Netz gegangen. Obwohl er nicht am besagten Raubüberfall beteiligt gewesen war, wurde er wegen seiner früheren Straftaten an die französischen Kriminalbehörden ausgeliefert. Zu einer lebenslänglichen Haftstrafe verurteilt, brachte man ihn ins Zuchthaus von Bicerte bei Paris. Von Langeweile gequält, erfand er eines Tages ein

Die Bande des Hölzerlips nach ihrer Gefangennahme (Kupferstich von 1811).

einfaches Kartenspiel. Dazu zeichnete er auch Bilder auf die Karten. Als größter Bösewicht verewigte er sich im Bildnis eines schwarzen Kerls auf der alles entscheidenden Karte. Auf irgendeinem Weg fand das Kartenspiel des „Schwarzen Peters“ den Weg aus dem Gefängnis. Es wurde vervielfältigt und gelangte so unter das Volk. Vor allem Kinderherzen erfreuen sich seitdem bis in die heutigen Tage an dem lustigen Zeitvertreib.
Auch die Redewendung „jemanden den Schwarzen Peter zuschieben“ geht auf Petry zurück. Sie umschreibt den Umstand, die eigentliche Verantwortung einem anderen Menschen aufzubürden.
Gemäß einem Eintrag ins Kirchenbuch Burgen (bei Bernkastel), wo Johann Peter Petry einst das Licht der Welt erblickte, soll der zu Lebzeiten gefürchtete Verbrecher im Jahre 1834 im hohen Alter von 83 Jahren verstorben sein. Entgegen vieler Behauptungen, er sei am Säuferwahn im Kerker verstorben, hatten ihn die Franzosen begnadigt und ihm die Freiheit geschenkt.

Duell in der Fasanerie

In den frühen Morgenstunden des 6. September 1824 kam es im Park der Aschaffenburger Fasanerie zu einem Duell auf Leben und Tod. Der Anlass zum Kreuzen der scharfen französischen Florettdegen war vermutlich ein rein persönlicher. Vielleicht begehrten die beiden Duellanten ein und dieselbe Dame, oder einer fühlte sich in seiner Ehre verletzt und forderte Genugtuung. Der neunzehnjährige Student Johann Baptist Berg (aus St. Alban/Rheingau) verabredete sich mit dem achtzehnjährigen Forstanwärter Anton Ferdinand Freiherr von Andrian-Werburg (geb. 10. März 1807 in Amberg, er entstammte einem Tiroler Uradelsgeschlecht) zum Duell. Mittels eines Wagens fuhren die beiden Duellanten gemeinsam mit ihren jeweiligen Sekundanten und dem Diener namens Ostheimer zur Fasanerie. In der frühen Morgendämmerung, zwischen drei und halb vier Uhr kreuzten sie die Klingen, wobei Johann Baptist Berg seinem jüngeren Kontrahenten eine schlimme Verletzung zufügte, sodass dieser augenblicklich blutend zu Boden sank. Einer unsicheren Quelle zufolge, soll Johann Baptist Berg zusammen mit den übrigen Teilnehmern des Duells auf schnellstem Wege den Kampfplatz verlassen haben, ohne dass sich jemand um den tödlich verwundeten Andrian-Werburg kümmerte. Die jämmerlichen Feiglinge überließen das Opfer seinem Schicksal.
Eine bis heute unbekannt gebliebene Person fand später den Sterbenden am Schauplatz des Duells. Man brachte ihn in die Stadt, wo er letztlich verstarb. Der Zeitpunkt des Todes ist laut Sterberegister auf den Nachmittag des gleichen Tages datiert. Das Opfer hatte einen langen Todeskampf durchstehen müssen. Die Polizei fahndete daraufhin eifrig nach den Teilnehmern des Duells, zumal ein politischer Beweggrund nicht auszuschlie-

Ein Denkmal erinnert an die beiden Duellanten, die 1824 hier die Klingen kreuzten.

ßen war. Schon am nächsten Tag – am 7. September – wurde das Opfer des Duells auf dem Altstadtfriedhof beigesetzt. Seine Grabstätte soll das 18. Grab im dritten Quadrat gewesen sein. Nach Ablauf der Grablegefrist von fünfzig Jahren baten einige Kandidaten der hiesigen Forsthochschule den Totengräber um die Überlassung des Totenschädels. Trotz einer gebotenen Geldsumme lehnte dieser das seltsame Ansinnen der jungen Männer ab. Nachdem der Totengräber die Gebeine des Freiherrn Andrian-Werburg geborgen hatte, vergrub er diese an einer anderen unbekannten Stelle.

Obwohl man den Täter Johann Baptist Berg zwischenzeitlich in Mainz verhaftet hatte, wurde er bald wieder freigelassen. Allem Anschein nach bestand seitens der verantwortlichen Justiz kein Interesse, den Fall richtig aufzuklären. Die Akten wurden geschlossen. Am 2. November 1824 war im Bericht des Königlich Bayerischen Generalkommissars Freiherr von Asbeck von unerlaubten Verbindungen unter den Forstamtskandidaten die Rede. Das Duell forderte im Nachhinein noch ein weiteres Opfer. Der Direktor des Forstinstitutes Johann Franz Bauer musste seinen Hut nehmen, weil er unter seinen Studenten nicht energisch genug durchgegriffen hatte und so das Unglück hätte verhindert werden können.

Ein österreichisches Soldatengrab

Vielen mag bekannt sein, dass auf dem Aschaffenburger Altstadtfriedhof die Gräber österreichischer Soldaten liegen. Fern ihrer Heimat fielen sie im unseligen Bruderkampf vom Juli 1866 und fanden hier in der Stadt am Main ihre letzte Ruhestätte. Die wenigsten Leute jedoch wissen um ein weiteres Soldatengrab, wo weitere Österreicher ihren ewigen Schlaf halten. 1854 machte das seinerzeit modernste Fortbewegungsmittel – die Eisenbahn – auch vor Aschaffenburg nicht halt. Im gleichen Jahr erfolgte die Inbetriebnahme der „Ludwigs-West-Bahn", mit der gleichzeitigen Eröffnung des Hauptbahnhofes.
Doch steckte der Eisenbahnverkehr seinerzeit noch sprichwörtlich in den Kinderschuhen. Anhand von unvollkommenen Betriebseinrichtungen, kam es immer wieder zu schlimmen Unfällen. Insbesondere der Streckenabschnitt Heigenbrücken–Laufach erwies sich dabei als gefährlich. Am 22. August 1856 befand sich ein Truppentransport auf dem Weg von Würzburg nach Mainz. An Bord der Waggons befanden sich an die 1200 Soldaten des „k.u.k.-österreichischen Linien-Infanterie-Regiments Graf Degenfeld Nr. 36". Der Zug war gerade im Begriff in die Eisenbahnstation von Laufach einzufahren, als plötzlich beim Bremsen auf der steilen Strecke einer der Zughaken abriss. Die Katastrophe war nicht mehr aufzuhalten. Drei der vorderen Wagen sprangen aus den Schienen, die von den nachfolgenden Wagen zertrümmert wurden. Sechs Österreicher fanden auf der Stelle den Tod. Neun weitere erlitten schwere Verletzungen. Elf kamen mit leichteren Blessuren davon. Die Verwundeten, darunter auch zwei Offiziere, brachte man in das Lazarett nach Aschaffenburg.

Der Grabstein erinnert an das Schicksal der sechs österreichischen Soldaten, die 1856 nahe Aschaffenburg ums Leben kamen.

Eine eiligst herbeigerufene Gerichtskommission nahm die Ermittlungen auf. Die Untersuchungen ergaben, dass dem Eisenbahnunglück ein technischer Defekt zugrunde lag. Das furchtbare Unglück löste im österreichischen Kaiserhaus große Bestürzung aus. Kaiser Franz Joseph I. (1830–1916) entsandte seinen Adjutanten nach Aschaffenburg, mit dem Auftrag, den Verwundeten eine „Vergütung für die erlittenen Schäden" in Aussicht zu stellen. Nur einen Tag später, am 23. August 1856 erfolgte unter militärischen Ehren die Beisetzung der Verunglückten. Trotz schweren Regens nahm ein Großteil der Aschaffenburger Bevölkerung daran teil.

Zum Gedenken an die Opfer pflanzten die Kameraden eine Eiche auf deren Grab, deren hoher und knorriger Stamm heute das Rund des Altstadtfriedhofes prägt. Die Namen der Opfer: Johann Czur, Mathias Kiß, Leopold Medel, Joseph Prochazka, Franz Proissa und Franz Schoeller.

Weltuntergangsstimmung am Main

Der lichtstarke Komet Halley (wissenschaftliche Bezeichnung 1 P / Halley) gehört zu den bekanntesten Kometen. Laut Berechnungen der Astronomen benötigt er für die Begegnung mit der Erde eine Umlaufzeit von etwa sechsundsiebzig Jahren. Die Wissenschaftler datierten sein Erscheinen exakt in die Nacht vom 18. auf den 19. Mai 1910. Es war der Mittwoch nach Pfingsten, als der Weltenwanderer aus der Unendlichkeit des Weltalls auftauchte. Anfangs konnte man ihn nur mittels eines guten Teleskops entdecken. Doch je näher er der Erde kam, umso besser war er als fahles Lichtpünktchen zu sehen.

Die Welt hielt den Atem an. Nicht wenige Menschen befürchteten einen Zusammenstoß, viele bereiteten sich auf den nahenden Weltuntergang vor. Die Astronomen gaben Entwarnung. Der Komet sollte sich der Erde nur in einer Entfernung von 23 Millionen Kilometer nähern. Ein Zusammenstoß sei auszuschließen. Dennoch waren die Menschen in Aschaffenburg und der Welt in größter Sorge.

Der Komet zog seine Bahn zwischen Erde und Sonne und einen endlosen Schweif von mehreren Millionen Kilometern hinter sich her. Die Berührung des blauen Planeten mit dem Kometenschweif, mit feinstem Meteorenstaub, elektrischen Kräften und Gasen war nicht auszuschließen. Als Gelehrte ihre Meinung kundtaten, dass sich darin auch das Gift der Blausäure befinde, dachten viele gar an das Ende der Welt.

In der Nacht vom 18. auf den 19. Mai 1910 war es schließlich soweit. Nicht wenige Bürger flüchteten in die Kirchen. Manche zogen sich in ihr stilles Kämmerlein zurück oder legten sich einfach nur ins Bett, um sich für den ewigen Schlaf zu rüsten. Die meisten jedoch bereiteten sich auf den drohenden Weltunter-

Im Mai 1910 passierte der Halley'sche Komet die Erde und die Menschen befürchteten den Weltuntergang.

gang vor, indem sie den „Schlappeseppel“, „Goldenen Karpfen“ oder den „Hopfengarten“ aufsuchten. Zuerst die Feier, dann das Ende! Viele trieb es in der Nacht hinaus ins Freie, um dem Tod und Verderben mit sich bringenden Weltenwanderer mutig ins Auge zu blicken.

Doch die Nacht verging, ohne dass auch nur ein menschliches Auge den Halley`schen Kometen erblickte. Kein Observatorium der Welt vermochte ihn zu entdecken, als er der Erde am nächsten war. Der befürchtete Weltuntergang fand nicht statt. Aufatmen allerseits. Der Kelch war noch einmal vorübergegangen – vermeintlich. Der Komet sollte erst noch kommen! Zwei Tage später passierte er dann tatsächlich die Erde, ohne dass es die Menschen mitbekamen, von den Astronomen in den Observatorien einmal abgesehen. Wegen der Krümmung des Kometenschweifes war es aufseiten der Wissenschaftler zur Fehlberechnung gekommen.

Das Erscheinen von Kometen wurde im Lauf der Geschichte oft als böses Omen gedeutet. Auch in jenen Tagen warnten gerade die alten Leute vor dem Unglücksboten: „Bald gibt es Krieg!" Vier Jahre später brach dann auch tatsächlich der Erste Weltkrieg aus.

Leichen im Keller

In der Steingasse stand das Stiftshaus „Trium Regum". Der Hofkonditor Carl May (jener schuf einen Großteil der berühmten Korkmodelle, welche im Renaissanceschloss Johannisburg als die weltweit größte Sammlung ihrer Art ausgestellt werden), kaufte im Jahre 1811 einen Teil jenes Anwesens, um ein neues Haus zu bauen. Beim Aushub der neuen Fundamente stießen die Arbeiter überraschend auf zwei menschliche Skelette. Die sterblichen Überreste zweier Männer lagen in einem Gewölbe, bedeckt von Bauschutt, Abfälle von Steinhauerarbeiten und Kalk. Nähere Untersuchungen ergaben, dass beide Schädel Spuren von Gewalteinwirkungen aufwiesen.
Man hatte es also hier mit Opfern eines Tötungsdeliktes zu tun. Einem Gerücht zufolge soll der Hofmaurermeister Sebastian Mang der Täter gewesen sein. Da er aber schon sieben Jahre zuvor das Zeitliche gesegnet hatte, konnte er von der Polizei nicht mehr zu den Todesumständen der beiden Opfer befragt werden. Auch was das Motiv der Bluttat betraf, tappte man im Dunkeln. Dies hatte der Täter mit ins Grab genommen. Anhand von Uniformknöpfen, die bei den Gerippen aufgefunden wurden, identifizierte man die Männer als französische Soldaten. Jene waren 1796, zusammen mit ihrer Armee beim Rückzug nach

Blick in die Steingasse.

der verlorenen Schlacht bei Würzburg, nach Aschaffenburg gekommen. Da ein gewisser Napoleon Bonaparte (1769–1821) der Herr im Lande war, tat man aufseiten der hiesigen Behörden alles nur Erdenkliche, um Stillschweigen über die „brenzlige Situation“ zu bewahren. Sollten die französischen Behörden und das Militär Wind davon bekommen, drohten womöglich schlimme Sühneaktionen.
Um die Tat zu vertuschen, wurden die Gebeine der ermordeten Franzosen in Kartoffelsäcke gesteckt, auf einen Schubkarren geladen und klammheimlich, bei Nacht und Nebel auf dem Altstadtfriedhof verscharrt. Weder ein Kreuz oder ein Grabmal erinnert an ihre letzte Ruhestätte.

Der Main –
Schauplatz menschlicher Tragödien

Das Mainufer und der Fluss sind von jeher bekannt für menschliche Unglücke. So ereignete sich am 28. Februar 1771 auf dem Main ein furchtbares Drama. In Höhe des Schlosses Johannisburg kenterte morgens um vier Uhr bei Hochwasser ein schwer mit Personen und Waren beladener Nachen (= Boot). Von zehn Menschen ertranken sieben. Unter den Opfern befand sich auch der Schiffmann Jakob Haus. Die drei Überlebenden konnten sich auf den kieloben im eiskalten Wasser treibenden Nachen retten, ehe andere Schiffsleute und Mainfischer sie auf ihre Boote hinüber holten und in Sicherheit brachten.

Neben den Opfern von Bootsunfällen gab es auch Menschen, die selbst Hand an sich legten. So wurde im April 1856 die Leiche eines erst 14-jährigen Jungen aus dem Main geborgen. Schier unvorstellbar, dass eine in Aussicht gestellte Strafe für sein „Verhalten in der Christenlehre“ derartige Ängste hervorrief, dass er den Freitod wählte.

Im September 1901 wurde aus dem Main der Leichnam eines Bankiers gefischt. Er hinterließ einen Zettel, worauf er als Grund seines Selbstmordes „Zahlungsschwierigkeiten“ nannte.

Der Glöckner ad B. M. V. zu Aschaffenburg, Franz Haus, schreibt in seiner Chronik von der Stadt Aschaffenburg: „Am 17. Mai 1832, den Pfingst-Samstag geschah zwischen Stockstadt und Mainaschaff ein großes Unglück. ‚Nachtschelcher‘ (Schmuggler) kamen mit ihrem Nachen aus Frankfurt. Beladen mit ihrer Schmugglerware, versuchten sie im Schutz der einbrechenden Dämmerung unbemerkt weiter mainaufwärts zu gelangen. Ihr verbotenes Unterfangen stand allerdings unter keinem guten Stern. Denn als sie die anfangs besagte Stelle passieren woll-

Der Main bei Aschaffenburg – Schauplatz zahlreicher Unglücksfälle.

ten, wurden sie entdeckt. Man befahl ihnen an Land zu rudern. Unglücklicherweise lagen ausgerechnet an jenem Abend Königlich Bayerische Gendarmen und geheime Mautsoldaten auf der Lauer. Als die Schmuggler der Aufforderung nicht nachkamen, eröffnete die Polizei das Feuer. Einer der Schmuggler namens Sebastian Kuhn starb durch den ersten Schuss. Die drei anderen, Peter Geiger, Johann Geiger und Peter Schäfer, wurden schwer verwundet. Die Fracht der unglücklichen Schmuggler fiel in die Hände der geheimen Maut-Soldaten. Peter Geiger starb vier Tage danach an seinen Schusswunden, er hinterließ Weib und Kinder.

„Ich habe mich gerächt!"

Am Abend des 9. März 1910 endete ein Familienstreit in einer entsetzlichen Tragödie. Nach dem Tod der Mutter lebten die beiden Stiefgeschwister, die fünfzigjährige Maria Schick und der sechsunddreißigjährige Schuhmacher Hermann Hohe in Unfrieden. Zehn Tage, bevor sich die schlimmen Taten ereigneten, brachte Maria Schick einen Dolch zur Polizeiwache. Sie hatte die Waffe im Zimmer ihres Bruders gefunden. Vor den Beamten äußerte sie, dass sie sich vor ihrem Bruder fürchte und er ihr etwas Schreckliches antun wolle. Vonseiten der Behörde wurde nichts unternommen. Am nächsten Tag kam Hermann Hohe auf die Wache und verlangte die Aushändigung seines Dolches, was man ihm jedoch, vielleicht in weiser Voraussicht, verweigerte.

Das Viertel von St. Agatha.

Am Tag der blutigen Morde sprach das Gericht das Urteil über die Erbschaftssache. Der Richter entschied zu Gunsten von Maria Schick. Als Hermann Hohe aus dem Königlich-Bayerischen-Amtsgericht kam, traf er in der Sandgasse auf seine Geliebte. Sie bemerkte, dass er sich in höchster Aufregung befand. Er erzählte ihr vom unglücklichen Ausgang des Erbstreits. Ferner berichtete er, dass seine Schwester bereits einen Laden gemietet und Schuhwaren heimlich dorthin gebracht habe. Die beiden gingen eine Weile ziellos durch die Gassen. Schließlich versuchte Hermann Hohe seine Geliebte irgendwie loszuwerden. Am „Sauerweinschen Anwesen" in der Luitpoldstraße ließ er sie schließlich stehen – sie sollte dort auf ihn warten. Er wolle alleine nach Hause gehen und noch einmal mit seiner Schwester unter vier Augen reden.
Nachdem einige Zeit verstrichen war, kehrte Hermann Hohe wieder zu ihr zurück. Zur Ruhe gekommen war er nicht, stattdessen war seine Aufregung noch weiter gestiegen. Das Mädchen fragte ihn, was er denn auf dem Herzen habe. Geschickt wich er aus. Als die beiden die Mainbrücke erreichten, drückte er ihr wortlos sein Portemonnaie und seine Uhr in die Hand. Auf die dringende Frage hin, was sich denn ereignet habe, gab Hermann Hohe zu Antwort. „Ich habe mich gerächt!" Daraufhin rannte er davon, lief auf der linken Seite der Brücke zum Mainufer hinunter. Kurz darauf war ein Schuss zu hören. Erschrocken eilte sie zum Flussufer, doch für Hermann Hohe kam jede Hilfe zu spät. Er hatte sich mit einer Pistole in die rechte Schläfe geschossen.
Der Selbstmord ereignete sich gegen acht Uhr abends. An Leib und Seele zitternd, alarmierte das Mädchen die Polizei. Den Beamten schwante nichts Gutes. Sie wussten ja um die Streitigkeiten, die zwischen dem Geschwisterpaar herrschten. Schleu-

nigst eilten sie in die Strickergasse im Viertel von St. Agatha zum Haus Nummer 6. Da ihnen dort niemand öffnete, musste ein Schlosser herbeigeholt werden, der die Türe öffnete. Zum zweiten Mal bekamen die Polizisten an jenem Tag eine Leiche zu Gesicht: Maria Schick kauerte leblos auf ihrem Stuhl, eine schreckliche Wunde am Kopf. Neben dem Leichnam lag das Tatwerkzeug auf dem Boden – eine Eisenstange.

Der Margarethensarg

Die Stiftskirche zu Aschaffenburg gehört zu den bedeutendsten Kirchen Deutschlands. Die in ihren heiligen Gemäuern ausgestellten Kunstwerke machen die päpstliche Basilica minor zu einer wahren Schatzkammer. Neben dem romanischen Kreuzgang aus dem 13. Jahrhundert, der „Beweinung Christi", dem letzten Lebenswerk des berühmten Malers Matthias Grünewald (Meister Mathis), finden sich dort auch die kunstvollen Werke des bekanntesten Bildhauers Frankens, Hans Juncker. Nicht zu vergessen das „Aschaffenburger Triumphkreuz" aus dem Jahre 982 – eine der ältesten Großskulpturen nördlich der Alpen.
Zu den vielen Kleinodien der Stiftskirche zählt auch der „Margarethenschrein". Dieses religiös geschichtliche Unikum aus dem Jahre 1520 gehörte einst zum „Halleschen Heiltum", der weltweit größten Sammlung an Reliquien. Kardinal Albrecht von Brandenburg (1490–1545), eifriger Förderer des Ablasshandels, war ein begeisterter Reliquiensammler. Von den zwei echten Totenschädeln im Sarg einmal abgesehen, handelt es sich beim Inhalt des Schreins nicht um die sterblichen Überreste eines Menschen, schon gar nicht die eines Heiligen, wie man

Der Margarethenschrein in der Stiftskirche birgt so manches dunkle Geheimnis.

es vor beinahe fünfhundert Jahren den Gläubigen vormachen wollte. Das Gerippe der „Scheinleiche“ ist ein kunstvolles mit bräunlicher Farbe bemaltes Schnitzwerk, in welches die Macher vor nahezu fünfhundert Jahren passende menschliche Knochenstücke einsetzten, die man irgendwo auf einem Friedhof gefunden hatte. Ein darüber gelegter durchsichtiger Stoff sollte dem frommen Betrachter den nur halb verwesten Leichnam einer Heiligen vorgaukeln.

Die heilige Margarethe, nach der man den Reliquienschrein benannte, gehörte der Heiligenlegende nach zum Gefolge der britischen Königstochter Ursula. Bei der Feier des Margarethentages wurde der verglaste und vergoldete Sarg in der Kirche aufgestellt. Ergriffen von tiefster Frömmigkeit, suchten die Gläubigen das Gebet. Vor allem im 16. und 17. Jahrhundert erwies sich gar die Berührung oder das Küssen des Schreins nicht gerade als ungefährlich. Ein Pestkranker genügte und viele gesunde Menschen verließen auf Nimmerwiedersehen das Gotteshaus.

Bei Restaurationsarbeiten an der „Scheinleiche“ fand man in ihrem Brustkorb einige Stoffpäckchen. Den Beschriftungen zufolge, enthalten diese die Reliquien u. a. der Adelgunde oder Juliane, die zum Kreis der „11 000 Jungfrauen“ gehörten. Gemeinsam sollen sie mit der Heiligen Ursula in Köln durch die Hunnen den Märtyrertod gefunden haben. Die hohe Zahl der Jungfrauen geht allerdings auf den Schreibfehler einer Nonne zurück. Und ob die verbliebene Schar von „elf Martyres virgines“ auch wirklich alle Jungfrauen waren, darüber hüllt sich der Mantel des Schweigens.

Der „schwarze Dienstag“

Am 15. Dezember 1896 wurde Aschaffenburg von einer schweren Katastrophe heimgesucht. Schauplatz der furchtbaren Tragödie war die in der Hanauer Straße gelegene Fabrik für elektrische Zünder: Um etwa 17.30 Uhr kam es zu einer heftigen Explosion. Der Knall brachte selbst in weit entfernten Stadtteilen die Fensterscheiben zum Zittern. In der benachbarten Farbenfabrik erloschen jäh alle Gasflammen und zahlreiche Fenster zerbarsten unter dem ungeheuren Druck. Der Mittelbau der „Kromerschen Zünderfabrik“ war danach ein großer Trümmerhaufen. In dem sogenannten „Füllraum“ waren vierzehn Mädchen mit dem Füllen von Patronen (Hauptbestandteil Knallquecksilber) beschäftigt gewesen, als das Unglück passierte. Nun lagen sie unter den Trümmern begraben.

Einer der ersten an der Unglücksstelle war Bürgermeister Medicus, der die nötigen Hilfs- und Bergungsarbeiten leitete. Gemeinsam mit den Arbeitern der nahe gelegenen Fabriken, machten sich Polizei, Militär und Feuerwehr ans Werk, die Opfer zu bergen. Die Hilfsaktion wurde durch die Dunkelheit erschwert. Den Helfern bot sich ein entsetzliches Bild. Viele der jungen Frauen waren schwarz verbrannt oder hatten grässliche Wunden an Gesicht, Armen und Händen. Die Kleider waren in Fetzen gerissen. Bis um 20 Uhr hatte man schließlich alle Opfer geborgen. Für sechs der Mädchen kam jede Hilfe zu spät. Weitere fünf von ihnen verstarben in den darauffolgenden Tagen im Spital. Nur drei Mädchen sollten überleben, aber zeitlebens die schlimmen Spuren ihrer Verletzungen tragen. Eine einzige Mitarbeiterin blieb, von einem ungeheuren Schrecken abgesehen, unverletzt. Sie hatte kurz vorher den Raum verlassen. Ein Knecht der „Eisenhandlung Jakob“, der sich in der Nähe des

Aschaffenburg aus der Vogelperspektive.

Unglücksortes aufhielt, geriet unter die herabstürzenden Trümmer und erlitt dabei einen Schädelbruch.
Die schweren Schicksalsschläge trafen fast nur arme Familien, die sehr auf den Verdienst der Mädchen angewiesen waren. Die Opfer der furchtbaren Explosion kamen aus den beiden Dörfern Mainaschaff und Stockstadt. Fast alle Einwohner erschienen auf den Friedhöfen zum letzten Geleit. Auch das Offizierscorps aus Aschaffenburg nahm an den Trauerfeierlichkeiten teil. Die ganze Stadt stand unter dem Eindruck des schrecklichen Unglücks. In den darauffolgenden Tagen wurde für die betroffenen Familien gesammelt. Auch die Aschaffenburger Tageszeitung „Beobachter vom Main“ rief seine Leser zum Spenden auf. Die eingeleitete Untersuchung des Landgerichtes brachte kein vollständiges Licht in die Ursache des Explosionsunglücks. Ebenso blieb die Frage offen, ob die Katastrophe hätte verhindert werden können.

Als der Tod vom Himmel fiel

Auch heute, nach über siebzig Jahren werden mehr als 1000 Bombenblindgänger im Stadtgebiet von Aschaffenburg vermutet. Keiner weiß, wo genau sie sich befinden. Bei Bauarbeiten an der A 3 im Jahre 2006 forderte ein Blindgänger ein Menschenleben. Experten der Kampfmittelräumdienste warnen, dass gerade Fliegerbomben mit chemischen Zündern jederzeit ohne jegliche Fremdeinwirkung explodieren könnten.

Um den Zusammenbruch Deutschlands im Zweiten Weltkrieg zu beschleunigen, fassten die Befehlshaber der alliierten Luftstreitkräfte den Plan zur Zerschlagung der deutschen Verkehrsnetze. Dabei geriet auch Aschaffenburg in ihren Focus. Seine strategisch wichtige Lage mit dem Verschiebebahnhof und den Bahnlinien galt es auszuschalten.

Stichtag war der 21. November 1944: Wer diesen Albtraum des „schwarzen Dienstags“ mit all seinen furchtbaren Bildern miterleben musste, wird ihn zeitlebens nicht vergessen. Um 19.09 Uhr markierten die sogenannten „Pfadfinder-Flugzeuge“ mit Leuchtbomben das Ziel. Die „Christbäume“, wie man die vom Himmel fallenden Leuchtzeichen im Volksmund bezeichnete, versetzten die Umgebung des Zielraumes in ein taghelles Licht. Mit fatalen Folgen, wie sich alsbald zeigen sollte. Die Zielmarkierungen, die hauptsächlich über dem Bahnhofsgelände niedergehen sollten, trieben weiter in nördlicher Richtung auf den Stadtteil Damm zu. Wenige Minuten später luden über 238 schwere viermotorige Bomber vom Typ Lancaster, in vier Wellen anfliegend, ihre tödliche Fracht über Aschaffenburg ab.

Den Menschen, viele von ihnen waren in die Luftschutzbunker, in Erdlöcher oder ins Freie geflüchtet, erschien der knapp eine halbe Stunde währende Luftangriff wie eine Ewigkeit. Das Dröhnen der Flugzeuge, das Rauschen der Bomben, das Beben der Erde, das Bersten und Krachen versetzte die Menschen in Angst und Schrecken. Als der Bombenhagel vorbei war, krochen die Überlebenden ins Freie. Im gespenstischen Lichtschein lodernder Brände offenbarte sich ihnen eine Zerstörung ungeahnten Ausmaßes. Die einst von den Nationalsozialisten in die Welt getragene Geißel des Terrors hatte nun auch Aschaffenburg heimgesucht. Eingehüllt von Rauch, Staub und Feuer zeigte sich eine einzige Trümmerwüste. Bombentrichter an Bombentrichter hatten die Erde aufgerissen. Die Sprengkörper hatten fast alle Straßen und Gassen in Schutt und Asche gelegt. Blitz auf Schlag hatten die Menschen alles verloren. Vielen blieb als letzte Habe nur was sie am zitternden Leib trugen. Überall in den Trümmern fand man später Leichen, oft bis zur Unkenntlichkeit verstümmelt.

Auch in der Dorfstraße trug sich eine Tragödie zu: Ein Ehepaar hatte gemeinsam mit seinen beiden Kindern Zuflucht im Keller gesucht. Als eine Bombe in der Nähe des Hauses einschlug, wurden sie von den Trümmern der einstürzenden Kellerdecke verschüttet. Nur die Köpfe der Eltern ragten aus dem Schutt hervor. In ihrem Schoß hielten sie ihre Kinder. Doch eingeklemmt zwischen Steinen, Ziegeln, Balken und Brettern war es ihnen unmöglich sich zu rühren. Trotz aller Anstrengungen schafften sie es nicht ihre Kinder zu befreien und mussten hilflos mit ansehen, wie ihre Kinder qualvoll erstickten.

Beinahe 90 Prozent aller Anwesen waren im Stadtteil Damm den britischen Bomben zum Opfer gefallen. Aber nicht nur hier, sondern in ganz Aschaffenburg bot sich in jener Schreckensnacht ein erschütterndes Bild. In der kurzen Zeit von sechsundzwanzig Minuten kamen 344 Menschen ums Leben. Etwa 20 000 Einwohner wurden obdachlos. Unter dem Schrecken des

Geschehens verließen zahlreiche Einwohner die Stadt. Viele fanden in den Dörfern ringsum eine neue Bleibe. Nicht wenige hausten wochenlang in Scheunen.

Nach dem Bombenangriff vom 21. November 1944 lag ein ganzer Stadtteil in Schutt und Asche.

Insgesamt 1360 Tonnen Sprengbomben und 2,1 Tonnen Brandbomben hatten eine Spur der Vernichtung hinterlassen. Da auch die Schulgebäude in der Stadt vom Bombenregen nicht verschont geblieben waren, fiel der Unterricht aus. Das Krankenhaus hatte solch große Schäden abbekommen, dass dort keine Operationen mehr durchgeführt werden konnten. Da es keine Bäckereien mehr gab, musste das Brot aus Würzburg und Nürnberg herbeigeschafft werden. Die Wasserleitungen waren zerstört. Gas und Strom gab es nicht mehr. Nach fünf Bombenvolltreffern geriet das prächtige Renaissanceschloss Johannisburg in Brand. Obwohl der Hauptbahnhof, das eigentliche Ziel des britischen Bomberkommandos, schwer getroffen wurde, blieben die zwei Hauptverbindungen Frankfurt–Würzburg und Darmstadt–Aschaffenburg weiterhin befahrbar.

Abstieg in Aschaffenburgs Unterwelt

In der Stiftsgasse Hausnummer 8 steht das älteste heute noch existierende Wohnhaus von Aschaffenburg. Anhand von Jahresringen im Eichengebälk datierten die Experten vom Amt für Denkmalschutz die ältesten Teile des Gebäudes genau auf das Jahr 1288. Und aus eben dieser Zeit stammt auch der schöne und gut erhaltene Keller. Man mag gar nicht daran denken, wie viele Generationen wohl über die abgewetzten Stufen der Sandsteintreppe gestiegen sind, um sich vielleicht an dem dort eingelagerten Wein zu berauschen. Neben Stiftsherren, einem Theater-Schauspieldirektor und einem Richter, lebten hier früher auch ein Schneidermeister, Schreinermeister, Maurer, Schuhmacher, eine Buchbinderin und die Inhaberin einer Schreibwarenhandlung. Nachdem die Stadt Aschaffenburg eine Zeit lang Eigentümer dieses Gebäudes war, darf es heute Rechtsanwalt und Insolvenzverwalter Dr. Lothar Staab stolz sein Eigen nennen.

Der größte Keller der Stadt soll an dieser Stelle nicht unerwähnt bleiben. Die Rede ist vom Keller des Renaissanceschlosses Johannisburg. Bei der Errichtung des imposanten Repräsentativbaues der Mainzer Erzbischöfe und Kurfürsten 1605–1614 entstand auch der große Schlosskeller. Einem zeitgenössischen Bericht zufolge war jener Keller so groß, dass man mit einem Pferdefuhrwerk mühelos durch alle Räume fahren konnte. Acht Meter unter der Erde gelangten die dort gelagerten Weine zu bester Reife und Qualität. Die Räumlichkeiten vermochten eine schier unvorstellbare Unmenge an Weinvorräten aufzunehmen. Im Dezember 1632 schafften die Schweden über 100 Fuder (100 000 Liter) Wein aus dem Schloss nach Frankfurt. Und da war der riesige Keller längst noch nicht leer geräumt …

Im Jahre 1745 belagerten französische Truppen Aschaffenburg. Als sich die kaiserliche Armee unter Erzherzog Karl der Stadt näherte, ergriffen sie die Flucht, legten jedoch vorher in den Kellerräumen überall Feuer, versperrten die Eingänge und nahmen die Schlüssel mit. Bei ihrem Abzug sprengten sie einen

Im Schlosskeller lagerten über viele Jahre die Weine des Hofguts Hörstein.

Teil der Mainbrücke. Nur dank des mutigen Einschreitens von Handwerksburschen konnte das Feuer gelöscht und Schlimmeres verhindert werden. Der beherzten, „aus allhiesigen Bürgern und Handwerksburschen“ bestehenden Löschmannschaft wurde hinterher ein „Trunk aus dem Wirtshaus“ gereicht.

Im Jahre 1901 lagerte die Weinhandlung Underberg zwei Riesenfässer im Schlosskeller. Ein jedes fasste 10 300 Liter. Um die gewaltigen Fässer überhaupt „unter Tage“ zu bringen, mussten sie vorher zerlegt und nachher wieder zusammengefügt werden. Über vierzig Jahre lang wurde das Lesegut vom Hörsteiner Hofgut aus den Weinbergen vom Hörsteiner Reuschberg nach Aschaffenburg ins Schloss gebracht. Nach dem Keltern der Trauben erfolgte hier auch der Ausbau der Spitzenweine. Im Sommer 2017 kehrte das Hörsteiner Hofgut wieder nach Hörstein zurück. Ein Teil der Kellerräume soll künftig von der Schloss- und Hofbibliothek benutzt werden.

Der Bad- und Stiftsberg bildet den ältesten Teil Aschaffenburgs. Beim Bau des neuen Rathauses 1956–58 wurde ein regelrechtes Netz von unterirdischen Gängen und Gewölben freigelegt, welches sich bis in die anliegenden Gassen und Straßen erstreckte. Einer jener Gänge soll gar bis zum Schloss geführt haben. Bei Bauarbeiten entdeckte man in diesem Bereich im Jahre 1898 einen unterirdischen Gang. Der mehrere hundert Meter lange Geheimgang führte vom vorderen Ende des Badberges bis unter die Gewölbe der Stiftskirche. Viele Geheimgänge sind inzwischen verschüttet, fielen der regen Bautätigkeit zum Opfer oder wurden aus Sorge vor Einsturzgefahr absichtlich verschlossen.

Unter dem größten Grabstein der Stadt

Aus der Silhouette der Altstadt ragt ein markanter Turm hervor. Die Rede ist vom krabbenbesetzten gotischen Steinhelm, der sich über das langgestreckte Dach einer Saalkirche mit barocker Giebelfassade erhebt. Die Muttergottespfarrkirche oder auch Kirche „Unsere Liebe Frau“ war die älteste selbstständige Pfarrkirche der Aschaffenburger Bürgerschaft. Erstmals wird sie in einer Urkunde im Jahre 1183 erwähnt. Im 18. Jahrhundert war es dem Alter und dem Platzmangel geschuldet, dass das alte Gotteshaus, abgesehen vom Kirchturm aus dem 13. Jahrhundert, der Spitzhacke zum Opfer fiel.

Der Pfarrer und erzbischöfliche Kommissar Dr. Christian Stadelmann (1699–1782) versah zweiundfünfzig Jahre lang das Amt des Seelsorgers jener Pfarrei. Er war es auch, der den Neubau der Saalkirche (1768–1775) aus eigenen Mitteln finanzierte. Mit etwas Fantasie betrachtet, ähnelt die barocke Giebelfassade des Eingangsportals einem Grabstein. Deshalb sind Spötter der Meinung, der Bauherr habe sich mit seinem Kirchenbau nicht nur eine Art Denkmal, sondern auch gleich den größten Grabstein von ganz Aschaffenburg gesetzt. Nach seinem Tod 1782 wurde Stadelmann in der Kirchengruft beigesetzt.

Die Redensart „Er gräbt sich sein eigenes Grab“ könnte zutreffender nicht sein, wenn man da einen gewissen Franz Boccorny aus Böhmen ins Spiel bringt. Er mauerte nämlich als Baumeister die Gruft, in der er nach seinem Tod, keine drei Jahre später, selbst beigesetzt werden sollte. Die Fertigstellung des Kirchenneubaus durfte er allerdings nicht mehr erleben.

Die geräumige Krypta unter dem Chor der Muttergottespfarrkirche ist für Besucher nur am „Tag des offenen Denkmals“ geöffnet.

In der Gruft der Pfarrkirche „Unsere Liebe Frau“ fanden viele berühmte Aschaffenburger ihre letzte Ruhestätte.

Die flachen Einwölbungen und Wände der Grabkammern sind aus Ziegelmauerwerk errichtet. An den Vorderseiten sind kleine Steintafeln eingefügt. Teilweise sind die Grablagen der einzelnen Verstorbenen nicht mehr genau zuzuordnen. Die Grabkammern im Bereich der nördlichen Anlage tragen Nummerierungen in römischen Ziffern, während die Grabkammern im südlichen Teil mit arabischen Schriftzeichen gekennzeichnet sind. Im südlichen Teil des Gewölbes ragt die Grabanlage fünfgeschossig unter die Rundung des darüberliegenden Chorraumes. Ansonsten sind jeweils zwei Grabkammern übereinander geordnet. Sterbematrikel berichten von zweiundfünfzig Beisetzungen.
Doch wer waren eigentlich all jene Personen, denen das hohe Privileg zuteil wurde, ausgerechnet in der Gruft die ewige Ruhestätte zu erhalten? Im Tode vereint, ruhen hier Politiker, Geistliche, Adelige, kurmainzische Beamte, Mitglieder der Universität, Wohltäter und Angehörige von Familien aus Bürgertum und Gesellschaft, die im 18. und 19. Jahrhundert die Geschicke der Stadt beeinflusst haben. Manche von ihnen – Erthal, Stadelmann oder Schönborn – finden sich heute in Straßennamen wieder.

Die Faszination des Bösen

„… denn die Hand, die solch ein Schwert führet, ist dann nicht mehr Menschen Hand, sondern Gottes Hand und nicht der Mensch, sondern Gott hänget, rädert, enthauptet, würget und krieget, sind alles seine Werke und Gericht."

(Martin Luther, 1526)

Längst ist das Haus des Henkers von Aschaffenburg aus dem Stadtbild verschwunden. Eine Artilleriegranate zerstörte im März 1945 das einsame Gehöft im Löhergraben. Lediglich einige alte SW-Fotos erinnern an das Heim des einstigen „Königs der Unehrlichen".

Man nannte die Männer, die ein blutiges Handwerk ausübten, Scharfrichter, Henker, Meister Knüpfauf, Meister Hans, Peinmann, oder auch Angstmann. Diese Außenseiter der menschlichen Gesellschaft ziehen noch heute die Menschen in den Bann. Als Herren über Leben und Tod üben sie nach wie vor eine Faszination auf Alt und Jung aus.

Die Aufgaben des Aschaffenburger Scharfrichters waren in der Bestallungsurkunde (= Arbeitsvertrag) von 1526 genau festgelegt. So musste er neben seiner eigentlichen Arbeit – dem Vollzug von Leib- und Ehrenstrafen, Foltern und Töten – auch als Abdecker streunende Hunde einfangen und erschlagen. Eine weitere Tätigkeit, das Leeren und Reinigen der Aborte und Abtritte, hatte er zu nächtlicher Stunde zu erledigen. Dafür bekam er pro Nacht zwei Pfund Wachs und ein Viertel Wein. Für tote Tiere, die er aus dem Schloss Johannisburg abholte, bekam er an den vier „Opferfesten" im Jahr jeweils ein Essen umsonst. Er musste auch Leichen, die im Main trieben bergen. Selbstmörder und verendetes Vieh hatte er auf dem Schindanger zu verscharren.

Dem Wasenmeister, Henker und Abdecker oblagen all jene ekelhaften schmutzigen und oft auch gefährlichen Arbeiten, die eine gewisse Hygiene überhaupt erst möglich machten und die kein „ehrlicher Bürger" ausüben wollte. Und trotzdem strafte man ihn als Geächteten mit dem Ausschluss aus der bürgerlichen Gesellschaft.
Im Jahre 1596 baute die Stadt im Löhergraben, wo sich das übelriechende Gewerbe der Lohgerber niedergelassen hatte (auch diese gehörten zu den Unehrlichen), ein neues Scharfrichterhaus und ersetzte somit das alte halbverfallene Gemäuer. Zum Gehöft gehörten ein Wohnhaus mit Schinderhütte, Hof und Mauer.
In einer Urkunde aus dem 14. Jahrhundert findet erstmals ein Henker namens Heilmann Erwähnung. Ein gewisser Sebastian Fach begründete 1701 in Aschaffenburg eine Scharfrichterdynastie. Nachdem er sein Amt über die Dauer von fünfundvierzig Jahren ausgeübt hatte, gab er es an seinen Sohn Simon weiter. 1746 vererbte jener die Funktion des Henkers nach sechsundfünfzig Jahren (!), kurz vor seinem Tod wiederum an seinen gleichnamigen Sohn. Wie lange Simon Fach II. als letzter Scharfrichter von Aschaffenburg sein blutiges Handwerk ausübte ist nicht bekannt.
Selten fand ein Scharfrichter eine Frau, welche ihm treu zur Seite stand. Sofern er überhaupt eine Familie hatte, so vererbte sich die „Unehrlichkeit" auch auf die Kinder. Eine kirchliche Trauung war ausgeschlossen. In Aschaffenburg war es der „Karpfenwirt" im Löhergraben (dem heute ältesten Gasthaus der Stadt von 1400), der als Standesbeamter eine Trauung des Henkers vollzog. Nur im gleichnamigen Gasthaus wurde er geduldet. Er musste sich an einen ganz bestimmten Tisch setzen, an den sich sonst niemand setzte. Und den Krug, der über die Hand ge-

Richtschwert aus dem Jahre 1640.

füllt wurde, musste er von zu Hause mitbringen. Wenn er etwa zu einem Kaufmann ging, so musste er die Waren, die er berührte auf jeden Fall kaufen. Ihm war das Betreten von Badestuben und Badehäusern verboten. Ferner verweigerte man ihm die Teilnahme an Hochzeitsgesellschaften. In der Kirche musste er sich mit dem „Henkerbänkchen" begnügen. Die heilige Kommunion blieb ihm versagt. Jederzeit musste er einem ehrbaren Bürger aus dem Weg gehen. Die Liste der Ausgrenzungen lässt sich beliebig fortsetzen. Wer es wagte, das Kind eines Scharfrichters aus der Taufe zu heben, der wurde zur „Abscheu" für fünf Tage in den Turm gesperrt. „Meister Knüpfauf" war rechtlos und ehrlos bis in den Tod. Ihm wurde nicht einmal ein christliches Begräbnis gestattet. So war es auch nicht verwunderlich, dass nicht wenige Henkersleute dem Alkohol verfielen. Laut eines Ratsprotokolls von 1505 konsumierte der Scharfrichter Hans Schnabel gemeinsam mit seinen drei Folterknechten an drei Foltertagen an die siebzig Liter Wein. Oft misslang einem betrunkenen Scharfrichter die Hinrichtung eines „Armen Sünders", was ihn das Leben kostete.
Eine Arbeit jedoch verrichtete der Scharfrichter wohl allzu gerne. Als „Hurenweibel" hatte er für den Schutz und Aufsicht der sogenannten „Hübschlerinnen" zu sorgen. Aschaffenburg betrieb laut einer Urkunde vom Ende des 15. Jahrhunderts in der Steingasse ein stadteigenes Bordell, wo Dirnen mit ihren Liebesdiensten die Stadtkasse aufbesserten.
So wie der „Angstmann" bei den Folterungen die Kunst des Ausrenkens der Glieder und Brechen der Knochen beherrschte, so verstand er es auch, diese wieder zu heilen. Im Mittelalter schlichen sich die Verletzten und Kranken klammheimlich zum einsamen Gehöft des Scharfrichters hinunter in den Löhergraben. Jetzt nahmen sie die Berührung des „Unehrlichen" gerne

in Kauf, wenn er ihnen nur Heilung brachte. Neben Heilkräutern aus der Natur fanden dabei auch die Haut und das Fett von Leichen Verwendung. Das „Nierenfett“ oder auch „Armesünderfett“ half beispielsweise gegen das „Zwicken und Zwacken“ in den Gliedern. Die Hirnschalen hingerichteter Missetäter dienten als Trinkgefäß.

Als „Kinder ihrer Zeit“ waren die Menschen vom Ungeist des Aberglaubens beherrscht. Talismane wie Galgenstrick, Splitter des Galgens, Zähne, Blut und Schweiß von Hingerichteten galten als Glücksbringer und Schutzzauber vor bösen Geistern. Unter den Spielern, Wirten und Kaufleuten war der „Diebesdaumen“ heiß begehrt. Lag ein solcher im Geldbeutel, so wurde dieser niemals leer.

„Hätte ich ihm das Feuerzeug nur nicht gegeben!"

Am Palmsonntag, dem 25. März 1945, näherte sich die Spitze der 4. US-Panzerdivision den Toren Aschaffenburgs. Das Kriegsende stand für die leidgeprüfte Stadt unmittelbar bevor. Um den heranrückenden Feind aufzuhalten, war eine Einheit des Ersatz- und Ausbildungsbataillons 9 unter der Führung von Oberleutnant Riedel mit der Sprengung der Mainbrücke, damals „Ludwigsbrücke" – beauftragt. Diese war erst im August 1891 gebaut worden. Der Kampfkommandant Major Lamberth bestand auf eine Verteidigung der „Festung", trotz einer völlig aussichtslosen Lage.

Fritz Gemeinhardt (seit 1898 befindet sich seine Familie im Besitz des Gasthauses und Hotels „Zum Wilden Mann" – eine der ersten Adressen der Stadt) staunte nicht schlecht, als um die Mittagszeit Feldwebel Murazi das Gasthaus betrat. Dessen höfliche Bitte um ein Feuerzeug erfüllte ihm Fritz Gemeinhardt gerne. Wahrscheinlich wollte der Soldat nur eine Zigarette rauchen, dachte er. Hätte er nur im Entferntesten geahnt, was Feldwebel Murazi im Schilde führte, hätte er es ihm wohl nie gegeben!

An die zwanzig US-Kampfpanzer hatten sich bereits, auf eine geschätzte Entfernung von einhundert Metern, der Mainbrücke genähert. Sie waren gerade im Begriff die Brücke einzunehmen, als um Punkt 13 Uhr 26 Feldwebel Murazi mithilfe des Feuerzeuges die Sprengung auslöste. Die geballte Ladung von 850 Kilogramm Donarit und acht bis zehn Bombenblindgängern zerstörte auf der Stelle zwei Strompfeiler und unterbrach die Brücke auf einer Länge von achtzig Metern. Trümmerstücke in Koffergröße flogen bis weit in die Darmstädter Straße hinein. Als sich Feldwebel Murazi zurückziehen wollte, brach er von einer

Die Ludwigsbrücke fiel kurz vor Kriegsende dem hartnäckigen und verzweifelten deutschen Abwehrkampf zum Opfer.

MG-Garbe im Bauch getroffen zusammen. Zwei seiner Kameraden schleppten ihn von der Brücke weg. Keine zehn Minuten später starb er.
Die Panzerspitze musste wenden, hier kam sie nicht weiter. Doch das Opfer des Pioniersoldaten Murazi sollte sich am Ende als vergeblich und sinnlos erweisen, denn den Amerikanern war es eine Stunde zuvor gelungen, die Nilkheimer Eisenbahnbrücke einzunehmen. Der gleichzeitige Vormarsch über beide Brücken hätte höchstwahrscheinlich den sinnlosen Abwehrkampf verkürzt und weiteres Blutvergießen erspart. Als Fritz Gemeinhardt später erfuhr, dass Feldwebel Murazi mithilfe seines Feuerzeuges die Brücke gesprengt hatte, sagte er: „Wenn ich geahnt hätte, was er damit vorhat und unsere schöne Brücke in die Luft jagt, hätte ich ihm das Feuerzeug nicht gegeben."
Die „Ludwigsbrücke" wurde 1970 abgerissen.

Aus den dunkelsten Stunden der Stadt

Beim Spaziergang oder Shopping durch die Fußgängerzone der Herstallstraße („Herschelgass") trifft man vor dem ehemaligen Café Höfling auf einen der zahlreichen „Ascheberger Stolpersteine". Das Messingschild erinnert mit dem Datum dem 28. März 1945 und dem Bildnis einer geknickten Rose an ein besonders grausames Verbrechen der menschenverachtenden NS-Justiz während des Zweiten Weltkriegs.

Das einst von den Nationalsozialisten ausgerufene „Tausendjährige Reich" war schon nach wenigen Jahren seinem Untergang geweiht und hinterließ nichts als Zerstörung, unermessliches Leid und Trauer um die vielen sinnlosen Todesopfer. Eines von ihnen war der Leutnant Friedel Heymann.

Im März 1945 war der Krieg längst verloren. Aschaffenburg hatte bereits durch mehr als zwanzig Luftangriffe schwerste Zerstörungen an Häusern, Kirchen und Schloss erleiden müssen. Über 671 Menschen verloren ihr Leben. Dennoch erging von Seiten der politischen und militärischen Führung der unverantwortliche Befehl, die Stadt zur „Festung" zu erklären. Um den Durchhaltewillen seiner Soldaten zu stärken, ließ der Stadtkommandant Major Emil Lamberth ein blutiges Exempel statuieren. Und dazu brauchte er einen Offizier.

Leutnant Friedel Heymann, der am 24. März 1945 in der Pfarrkirche „Maria Geburt" in Schweinheim (Stadtteil seit 1939) Anneliese Büttner geheiratet hatte, war wegen einer schweren Verwundung durch einen Splitter an seiner linken Hand nach Aschaffenburg ins Lazarett der Artilleriekaserne gekommen. Der Offizier berief sich auf das Befehlsrecht, wonach er als Verwundeter einzig dem Lazarettarzt Dr. Barbey unterstand. Ihm drohte gar die Amputation seiner Hand. In ihm hatte Major Emil

Das Grab des Friedel Heymann auf dem Schweinheimer Friedhof.

Lamberth sein Opfer gefunden und klagte ihn wegen „Fahnenflucht und Feigheit vor dem Feinde“ an. Bis heute bleibt das rätselhafte Verschwinden von Heymanns Lazarettpapieren im Dunkeln. Major Lamberth blieb bis zuletzt stur und unbeugsam bei seinem Unrechtsurteil. Am 28. März um 9.00 Uhr 1945 wurde Leutnant Friedel Heymann vor den entsetzten Augen einer größeren Menschenmenge hingerichtet. Heute noch lebende Augenzeugen sind der festen Meinung, dass man sofort in die Menge geschossen hätte, falls jemand versucht hätte dem Delinquenten zur Hilfe zu eilen. Soldaten mit schussbereiten Gewehren sperrten den Tatort – Herstallstraße Nummer 5 (heute befindet sich dort ein Blumenladen) – ab.
Major Lamberth erschien in Begleitung mehrerer Offiziere sowie des Kreisleiters der NSDAP Wilhelm Wohlgemuth am Schauplatz des Verbrechens. Doch kaum, dass die Hinrichtung begann, soll laut Augenzeugen ein feindliches Flugzeug über der Stadt erschienen sein. Daraufhin warf sich Lamberth schutzsuchend zu Boden. Ausgerechnet dieser erbärmliche Feigling beschimpfte wenig später den tapferen Frontoffizier Friedel Heymann als einen Verräter. Unteroffizier Walter Klingenhagen, ein williger Handlanger, legte Heymann den Strick um den Hals, ehe er dann das Unrechtsurteil mit einem heftigen Tritt gegen das Podest vollstreckte. Der Leichnam des Ermordeten blieb bis zum 3. April 1945 unter der Bewachung eines bewaffneten Postens an der Schreckensstätte hängen.
Anneliese Heymann wusste zunächst nichts über die Hinrichtung ihres Ehemanns. Erst, als man seinen Leichnam am 4. April auf einem Handwagen auf den Schweinheimer Friedhof brachte, erfuhr die junge Frau vom grausigen Schicksal ihres Ehemannes.

Sieben blutige Kampftage benötigten die Soldaten des 157. US-Infanterieregiments (Befreier des Konzentrationslagers Dachau), um Aschaffenburg zu erobern. Auf beiden Seiten waren anschließend hunderte Gefallene und Verwundete zu beklagen. Schuld an diesem sinnlosen Blutvergießen trägt in erster Linie Major Lamberth. Anstatt die Stadt angesichts der aussichtslosen Lage kampflos zu übergeben, opferte er zahllose Leben.
Die Mörder, die den völlig sinnlosen Tod des unschuldigen Friedel Heymann zu verantworten hatten, erhielten später eine milde Strafe. Das Würzburger Schwurgericht blieb 1949/50 mit seinem Urteil geben Lamberth – eine vierjährige Haftstrafe – deutlich unter dem von der Staatsanwaltschaft geforderten Strafmaß. Die Dauer der Untersuchungshaft wurde ihm zudem angerechnet.
Seit April 1945 erinnert im Stadtteil Schweinheim ein Straßenname an Friedel Heymann.

Der Tag, an dem der Vietnamkrieg in unsere Heimat kam

Der 3. April 1967, ein Tag im tiefsten Frieden. Auch in Haibach, einer kleinen Gemeinde nahe Aschaffenburg, saßen die meisten Familien gerade am Mittagstisch, als urplötzlich zwei Detonationen ihre Häuser jäh erbeben ließen. Ein heftiger Schrecken fuhr den Menschen in die Glieder. Die gewaltigen Druckwellen zerstörten Fenster, rissen Ziegel von den Dächern und sorgten für sonstige Schäden an den Häusern. Aber auch außerhalb von Haibach kam es zu Beschädigungen an Gebäuden. Allein in Haibach, dem Zentrum der Zerstörungen wurden nicht weniger als 250 Häuser beschädigt. Trotz allen Unglücks wurden keine Menschen ernsthaft verletzt, vermutlich weil die meisten zum Zeitpunkt der Explosionen gerade ihr Mittagessen einnahmen oder sich gerade auf der Arbeit befanden.

Eine Rauchsäule, die über dem Wald des Büchelberges aufstieg, zeigte den Ort der Explosionen an. Dort befand sich seit 1949 neben dem Truppenübungsplatz auch das Munitionslager der US-Armee. Nun war das eingetreten, was den Menschen schon lange Sorgen bereitet hatte. Durch die Ausbreitung der Wohnbauflächen war die Gemeinde Haibach zusehends in Richtung des Gefahrenherdes gerückt. Auch die Stadt Aschaffenburg hatte die Verantwortlichen aufseiten der US-Garnison mehrfach um die Verlegung des Munitionslagers gebeten. Bis zu jenem Tag war man damit auf taube Ohren gestoßen. Aufseiten der Amerikaner kam es zu Untersuchungen der Unglücksursache. In den Verhören stellte es sich heraus, dass ausgerechnet ein Soldat, der das Munitionslager bewachte, die alleinige Schuld trug.

Feldwebel Carl Burdette, Angehöriger eines in Aschaffenburg stationierten US-Pionierbataillons, hatte die Explosionen ausgelöst, indem er zwei mit Munition beladene Anhänger in die Luft sprengte. Bevor er nach Aschaffenburg versetzt worden war, hatte Burdette als Soldat in Vietnam gekämpft. Seine schrecklichen Kriegserlebnisse, vor allem das Sterben seiner Kameraden, hatten ihm seelisch sehr zugesetzt. Von diesem schweren Trauma sollte er zeitlebens nie wieder loskommen. Als es an jenem Tag zu regnen begann, erinnerte sich Burdette bei seinem Wachdienst plötzlich an einen schlimmen Kampfeinsatz. Von unsäglicher Furcht gepackt, jagte er die Munition in die Luft. Das US-Militärgericht verurteilte ihn zu zwei Jahren Zwangsarbeit, wobei die Richter in ihrem milden Urteil die Angstneurose des traumatisierten Vietnamveterans berücksichtigten.

Erst nach dieser Beinahe-Katastrophe bemühten sich die Amerikaner um die Verlegung ihres gefährlichen Munitionsdepots nach Schweinheim. Was die Schäden an den Häusern betraf, so übernahmen das Amt für Verteidigungslasten und die Versicherungen die Kosten in Höhe von etwa einer Million D-Mark.

Die erste lange Museumsnacht in Aschaffenburg

Der Samstagabend des 23. Juni 2001 bot einem breiten Publikum die erste Museumsnacht, eine bunte Palette an Ausstellungen, Konzerten, Gauklern und Minnesängern. Mit größtem Erfolg präsentierte Aschaffenburg sich als Kulturstadt. Gleichzeitig erlebten die 2. Aschaffenburger Kulturtage ihren Höhepunkt. Nie zuvor waren die Museen so gut besucht wie in der ersten Museumsnacht. Um 18 Uhr begrüßte der Oberbürgermeister Klaus Herzog die zahlreichen Besucher: „Heute ist ein historischer Tag, wir wollen Auge, Ohr und Geschmackssinn in das Mittelalter entführen." In seiner Eröffnungsrede erklärte er, man wolle mit der langen Museumsnacht im „Bayrischen Nizza" den Bogen zwischen den Zeiten spannen.

Spielleute entlockten Dudelsack, Schalmei und Drehleier mittelalterliche Musik. Gaukler zogen mit ihrem Schabernack und magischen Spectaculum Kinder und Erwachsene gleichermaßen in ihren Bann. Auf dem Stiftsplatz wurde den hungrigen Mäulern „guote Speys" gereicht. Bis zu 6000 Menschen bevölkerten bei freiem Eintritt bis um 1 Uhr nachts das Stiftsmuseum, das Schlossmuseum, den Schlosshof, die Städtische Galerie in der Jesuitenkirche und das Ausstellungshaus „Kunstlanding". Auch in den Gassen der Altstadt drängten sich die Schaulustigen und genossen die abendliche Wärme angesichts des mediterranen Flairs. Der unerwartet hohe Zuspruch drohte den Rahmen der Veranstaltung zu sprengen. In den Straßen und Parkhäusern war so gut wie kein Platz mehr frei. Trotz des regen Kommens und Gehens in den Museen wurde weder ein Exponat gestohlen, geschweige denn beschädigt. Das Schlossmuseum erwies sich als Publikumsmagnet. Geschichtsinteressierte Bürger und

Besucher strömten entweder im Alleingang oder in Führungen durch die kurfürstlichen Wohn- und Festräume und bestaunten die große Gemäldesammlung der Bayerischen Staatsgalerie oder die weltweit größte Korkmodellbausammlung.
Als ein ganz besonderer „Botschafter“ aus „Aschebersch“ präsentierte sich der „Maulaff“ als eines der größten Originale unserer Region. Im Schlosshof fuhren sehr zur Freude der Automobilfans auf Hochglanz polierte Oldtimer aus dem Automuseum „Rosso Bianco“ vor. Die Stiftsbasilika öffnete mit ihrer Sonderausstellung „Den Bogen spannen – Glanz der Romanik“ ihre Tore. Die dabei gezeigte berühmte „Aschaffenburger Tafel“ aus der Mitte des 13. Jahrhunderts zählt zu einem der ältesten Bilder deutscher Tafelmalerei überhaupt.
Auch für reichlich Musik war gesorgt. Der Reigen reichte von Renaissancemusik über mittelalterliche Lieder bis zum Jazz. Ein ganz besonderer Höhepunkt fand zu mitternächtlicher Stunde statt. Im malerischen romanischen Kreuzgang der Stiftsbasilika aus dem 13.Jahrhundert lauschten fast fünfhundert begeisterte Besucher dem hochmittelalterlichen Minnesang.

Der Mord an „Olaf“ Koskinen

Am Morgen des 18. Januars 1981 fand eine Streife der US-Militärpolizei zwischen Kihnstraße und Flachstraße die Leiche von Olavi Koskinen. Der 44-jährige Mann aus Finnland lag in einer Lache aus Blut und Schnee. Als Tatwerkzeug konnte ein etwa zehn Kilo schwerer Stein sichergestellt werden. Nach Lage der Dinge wurde der Finne damit erschlagen, als er am Boden lag. Da das Mordopfer noch Geld bei sich trug, schloss die ermittelnde Kriminalpolizei einen Raub als Motiv aus. Eine Blutprobe ergab einen Alkoholspiegel von nicht weniger als drei Promille.

Olavi hatte seit zwanzig Jahren in Deutschland gelebt. Die letzten drei Jahre davon war er in Aschaffenburg und Niedernberg ansässig gewesen. Der in seinem Bekanntenkreis als gesellig geltende Mann, liebevoll „Olaf“ genannt, hatte seinen Lebensunterhalt als Aushilfsarbeiter verdient. In den letzten Monaten hatte er in einer Weinstube in der Dalbergstraße/Altstadt ausgeholfen. Die Stammgäste hatten den liebenswürdigen Zeitgenossen schnell in ihr Herz geschlossen.

An jenem für ihn so verhängnisvollen Abend hatte er gegen 21 Uhr die „Seppl`s Weinstube“ verlassen. Zeugenaussagen zufolge hatte „Olaf“ die Absicht in die Würzburger Straße zu gehen um dort homosexuelle Kontakte zu einem Farbigen zu suchen. Am Tatort fand die Polizei neben einem Handschuh auch einen Herrenwollschal. Bei den mikroskopischen Untersuchungen im Bayerischen Landeskriminalamt in München wurden am Schal Kopfhaare gefunden, die von einem Farbigen stammten, zudem die Haare vom Fell eines Kaninchens. Die ermittelnden Beamten gingen davon aus, dass der Träger des Schals eine Jacke oder Mantel aus braunem Kaninchenfell besitzt.

Schauplatz der Bluttat heute, vierzig Jahre später.

Die weiteren Ermittlungen konzentrierten sich, aufgrund dieser Indizien, auf die in Aschaffenburg stationierten US-Soldaten. In gemeinsamer Arbeit wurden in den Kasernen englischsprachige Plakate angebracht, die den Schal zeigten, woraufhin sich zwei farbige US-Soldaten meldeten. Sie sagten aus, das Mordopfer habe ihnen gegenüber vor zwei Uhr nachts in der Würzburger Straße eindeutige Annäherungsversuche gemacht. Sie hatten den Finnen jedoch abblitzen lassen. Doch es gab keine Hinweise, die zur Spur des Mörders führten. Zur Klärung des Falls setzte das Bayerische Landeskriminalamt eine Belohnung von 3.000 D-Mark aus.

Nur zwei Wochen später kam es zur Verhaftung eines 21-jährigen farbigen US-Soldaten. Der aus Boston stammende Dalnell Stacey Alestock war seit Januar 1979 in Aschaffenburg stationiert. Aufgewühlt durch seine furchtbare Tat hatte sich der Mörder später seinen Freunden anvertraut. Aus diesem Kreis bekam die US-Militärpolizei die entscheidende Information. Alestock gestand den Ermittlungsbehörden den brutalen Mord an „Olaf“ Koskinen. Beim Verhör sagte er aus, er sei von seinem stark betrunkenen Mordopfer unsittlich belästig worden. Vor lauter Ekel soll er es zu Boden geschlagen haben. Anschließend griff er nach einem Abbruchstein und warf diesen zweimal gegen den Kopf des Finnen, bevor er den Ort der Bluttat verließ. Den Mörder überstellte man dem US-Militärgefängnis nach Mannheim. Sein Opfer Olavi Koskinen wurde unter großer Anteilnahme auf dem Aschaffenburger Waldfriedhof beerdigt.

Hinter Schloss und Riegel

Einst gab es in Aschaffenburg mehr Gefängnisse als Kirchen und Kapellen. Heute erinnern nur noch zeitgenössische Berichte und Bilder daran. Nicht nur im Rathaus, der alten Burg oder im städtischen Verließ am Töngesturm, sondern auch in anderen Türmen oder Gebäuden wurden Strafgefangene in dunklen Kerkerzellen inhaftiert.
Um die öffentliche Ordnung aufrecht zu erhalten, wurde eine Missetat unter Umständen gleich mit Freiheitsentzug bestraft. Von einigen Ausnahmen abgesehen, war die Freiheitsstrafe im Mittelalter noch fremd. So wurde beispielsweise ein Schuldner „eingeturmt" oder eine „verdächtige Person" machte schnell Bekanntschaft mit dem Inneren eines Gefängnisturmes. Allein schon das Hörensagen vom „Kummerloch" (= Cent- und Folterturm) jagte den Menschen einen gehörigen Schauer über den Rücken. Schon ein gotteslästerlicher Fluch auf den Lippen genügte, dass man im gefürchteten „Narrenhaus" in ein finsteres, enges und zugiges Kerkerloch geworfen wurde. Auf stinkendem Stroh gebettet und in schweren Eisenketten liegend, dazu noch Hunger und Durst leidend, sah sich der arme Sünder zusätzlich den Heerscharen des Ungeziefers, Ratten und Mardern hilflos ausgeliefert. Nicht selten wurde eine Untersuchungshaft zu einer langen Kerkerhaft. Insbesondere während der schrecklichen Zeit der Hexenprozesse gelangte der „Cent- und Folterturm" zu trauriger Berühmtheit.
Auch der Klerus des Mainzer Oberstiftes griff auf die Bestrafung ungehorsamer und sündiger Gottesmänner zurück. Pfarrer, die im Konkubinat lebten, wurden „bei Wasser und Brot" im „Nikolaus-Turm" eingesperrt. Der besonders gewiefte Gerichtsdiener Johann Fürst baute im 19. Jahrhundert am Rossmarkt ein Ge-

fängnis, welches er dem Königlich Bayerischen Landgericht zur Verfügung stellte, selbstredend nur gegen entsprechende Bezahlung.
Doch dies waren noch längst nicht die einzigen Gefängnisse in Aschaffenburg. So war beispielsweise im Wachthaus des Herstallturmes zu einem späteren Zeitpunkt das städtische Frauengefängnis nebst einer „Spinnstube" (= Arbeitsstube für die Gefangenen) eingerichtet. Zwischen dem Herstalltorturm und dem Cent- und Folterturm befand sich der so genannte „Hexenturm". Nicht einmal die blühendste Phantasie kann die ganzen Schrecklichkeiten erahnen, die hier einst passierten.
Schon im 16. Jahrhundert stand auf dem Schlossplatz die kurmainzische Kellerei und später auch das königliche Rentamt. Dem Rentamt (= Finanzamt) waren auch gleich die Kerker des erzbischöflichen Kommissars angeschlossen. Um jene wohl wenig einladenden Örtlichkeiten machten die Schlitzohren einen großen Bogen. Wer die Dreistigkeit besaß, den Rentmeister (= Finanzverwalter) um die Zahlung der „Behde" (= allgemeine Steuer) zu betrügen oder das fällige „Ungeld" (auch „Ohmgeld"/= Verbrauchssteuer für Wein und Bier") zu „beluchsen", der wurde ohne großes Federlesen am Schlafittchen gepackt und musste mit einer finsteren Gefängniszelle Bekanntschaft machen.
Am „Tönges-Marktturm" (im Bereich der ehemaligen „Löwenapotheke") befanden sich bis ins Jahr 1777 in den Kellergewölben die Zellen des städtischen Gefängnisses. Hierher kamen in erster Linie Mörder und Geldfälscher. Im Kelterhaus des stiftischen Dekanatshofes (erbaut 1765) befanden sich zwischen 1820 und 1857 die Arrestzellen des Kreis- und Stadtgerichtes. Links neben der Sandkirche stand in der Betgasse bis ins Jahr 1973 die einstige Fronfeste der Stadt (erbaut 1837, letzte „Strafvollzugsanstalt des Landgerichtes Aschaffenburg"). Diese Jus-

tizeinrichtung wurde im Volksmund auch als „Hotel hinter der Sandkirche“ bezeichnet. Als nach dem Zweiten Weltkrieg mit der Zeit die deutschen Kriegsgefangenen ihren Angehörigen in der Heimat ein erstes Lebenszeichen schicken durften, schrieb so mancher, dass es ihm so „gut ginge wie in dem alten Hotel hinter der Sandkirche“. So wusste man gleich, wie es wirklich um den Vater, Sohn oder Bruder stand, der irgendwo bei Wasser und Brot hinter Stacheldraht vor sich hinvegetierte.

Der Meisterwilddieb des Spessarts

Die Ausläufer des Spessarts reichen bis unmittelbar vor die Tore Aschaffenburgs. Der „Wald ohne Anfang und Ende“ ist reich an Geschichten, Anekdoten und Mythen. Faszinierend sind vor allem die spannenden Erzählungen über die einst so gefürchteten Spessarträuber. Wenn aber vom Spessart die Rede ist, so muss man zwangsläufig auch die Wilderer zur Sprache bringen. Auch hier werden die „Sozialrebellen“ in ein völlig falsches Licht gerückt und romantisch verklärt. Die Wahrheit erzählt sich ganz anders.

In den armen Spessartdörfern des 18. und19. Jahrhunderts herrschte viel Leid und große Not. Durch schlimme Missernten drohte vielen Einheimischen der Hungertod. Angesichts des großen Wildreichtums, mit dem der Spessartwald gesegnet war, hätte niemand hungern müssen. Aber der größte Teil des Spessarts zählte zum beliebten Jagdrevier der Mainzer Kurfürsten und Erzbischöfe. Ihnen allein oblag das Recht auf die prächtige und verschwenderische Hofjagd, vor allem auf das Hochwild. Jedem anderen war es bei hohen Strafen verboten, dem Wild nachzustellen. Es war keineswegs der Jagdtrieb oder Nervenkitzel, sondern schlichtweg die blanke Not, die die Gesetzesbrecher regelrecht zur „Beschaffungskriminalität“ zwang. Der Wildfrevel half so manches Leben zu retten.

Ihr eigenes Leben sah sich dabei ständig der Gefahr ausgesetzt, beim Wildern von einem Jäger erwischt oder gar erschossen zu werden. Es war ein Kampf auf Leben und Tod. Nicht nur Wildschütze auch so mancher brave Revierförster hauchte von einer Kugel getroffen sein Leben aus. Viele Sühnekreuze und Bildstöcke im Spessart erinnern an die blutigen Auseinandersetzungen, die sich einst tief im Wald zutrugen.

Als der zweifelsohne bekannteste aller Wilddiebe ist Johann Adam Hasenstab zu nennen. Sein Ruf war legendär. Schon zu Lebzeiten wurde er zur Sagengestalt mit angeblicher Zauberkraft. Der Erzwilddieb, wie man ihn bezeichnete, erblickte am 21.September 1716 in Rohrbrunn das Licht der Welt. Wegen Wilddiebstahls wurde er als kurmainzischer Jagdgehilfe bald aus dem Dienst entlassen. Danach fand er bei den Zisterziensern in Bronnbach eine Anstellung als Jäger. Doch auch hier stellte er verbotenerweise dem Wild nach. In seinen Jagdgründen – Haseltal, Kropfbachtal oder Schollbrunn – fand er reichlich Beute.
Damit er seinen Lebensunterhalt bestreiten konnte, zog er mit dem im Kloster erlernten Wissen tagsüber als Heilkundiger durch die kleinen Dörfer des Spessarts. Dabei verkaufte er auch heimlich das erlegte Wildbret an die Gastwirte und Pfarrherren. Das meiste jedoch erhielten die Bauern. Sie hielten zu ihm, keiner verriet ihn. Mit der Zeit entstand eine regelrechte Bande aus Wilddieben. Hasenstab wurde bald zum Erzfeind der Mainzer Erzbischöfe. Als „vogelfrei" erklärt, setzte die Obrigkeit ein Kopfgeld in Höhe von dreißig Reichstalern aus.
1751 wurde er bei einem seiner Pirschgänge von seinen zahlreichen Häschern auf frischer Tat ertappt. Nur weil eine Kugel sein Bein traf, gelang es seinen Häschern ihn gefangen zu nehmen. Man verurteilte ihn „zur Schanzarbeit" in Mainz, wo ihm eines Tages (1757) die Flucht gelang. Von neuem ging der Wilderer mithilfe der armen Bauern auf die verbotene Jagd nach Rehen, Wildschweinen und Hirschen. Sein Jagdrevier erstreckte sich mittlerweile auf die Grafschaft Wertheim.
1770 gelang seinen Verfolgern eine weitere Festnahme. Um den Staatsfeind ein für allemal loszuwerden, schickte man Johann Adam Hasenstab nach Neu-Holland (Australien). Es ist zwei-

felhaft, ob der gewiefte Bursche dort jemals ankam. Denn nur zwei Jahre später kehrte der „Meisterwilddieb des Spessarts“ wieder in seine Heimat zurück. Weil Hasenstab es immer wieder schaffte, seinen Häschern zu entkommen, sagte man ihm Zauberkräfte nach. Er galt als unverwundbar und kugelfest, nur eine Silberkugel könnte den Schutzbann brechen, so glaubte man.

Nach fünfundzwanzig Jahren der Verfolgung, schlug schließlich auch seine letzte Stunde. Am 3. Juni 1773 wurde Johann Adam Hasenstab vom kurfürstlich-Mainzischen Revierförster zu Bischbrunn Johann Sator im Kropfbachtal erschossen. Er hinterließ Frau und Kind. Die genaueren Umstände des Tathergangs wird man wohl nie aufdecken. Sein Leichnam wurde auf dem Friedhof von Breitenbrunn begraben. Laut Eintrag im Rechnungsbuch der Kellerei Rothenbuch wurde dem Todesschützen „fünfzehn Gulden Schuss- und Fanggeld wegen Erlegung des Wilderers Hasenstab ausgezahlt“. Ferner beförderte die dankbare Obrigkeit Sator zum Oberförster und Forstmeister.

Umstellt wie eine „Mördergrube“

„Ich werde glauben dass Weiß Schwarz ist, wenn es die Kirche so definiert.“

(Ignatius von Loyola, Ordensgründer)

Die Jesuiten, eigentlich Gesellschaft Jesu (Societas Jesu/SJ) genannt, ist eine katholische Ordensgemeinschaft, die am 15. August 1534 von einem Freundeskreis um den baskischen Adelsspross Ignatius von Loyola gegründet wurde. Neben den drei Ordensgelübden Armut, Ehelosigkeit und Gehorsam, verpflichten sich die Ordensangehörigen im berühmten „vierten Gelübde“ zum besonderen Gehorsam dem Papst gegenüber. Die Jesuiten sind der erfolgreichste, geheimnisvollste und wohl auch umstrittenste Orden der katholischen Kirche. Seit nunmehr fünf Jahrhunderten gelten sie als die „geistliche Elitetruppe des Vatikans“.

Auf Geheiß des Mainzer Kurfürsten und Erzbischof Johann Schweickardt von Kronberg im Jahre 1612 ließen sich die Jesuiten in Aschaffenburg nieder. In der Pfaffengasse kam es neun Jahre später zum Bau der Jesuitenkirche zu Ehren der „Heiligsten Dreifaltigkeit“. Zugleich fanden auch die Arbeiten am Kloster und dem Schulbau ihren Abschluss. Unter der Leitung der Jesuiten kam es dann auch ab 1620 zur Gründung des Jesuitenkollegs, dem ersten Gymnasium der Stadt.

In der zweiten Hälfte des 18. Jahrhunderts kam es, besonders von Seiten der absolutistischen Regierungen Europas, verstärkt zu Angriffen gegenüber den „Jägern der Finsternis“, wie die Jesuiten von ihren Gegnern abschätzig genannt wurden. Nicht nur in der Politik und Wissenschaft, sondern auch in den Reihen der Kirche formierte sich der Widerstand gegen die „Gesellschaft

Jesu", wegen der zu hohen Einflussnahme in der Kirchenpolitik. Deshalb sah sich Papst Klemens XIV. unter dem Druck der führenden Staatsoberhäupter gezwungen, den Orden im August 1773 aufzulösen. Die jeweiligen Landesherren kassierten dann liebend gerne den Besitz der verhassten Jesuiten.

Am späten Abend des 7. September 1773 traf die Auflösungskommission unter der Führung des Kommissar-Kanonikus' von Schmits in der Begleitung eines Großaufgebotes von 250 Soldaten in Aschaffenburg ein. Man hätte meinen können, eine Schlacht stehe bevor! Auch hier war die „Auslöschung" der Jesuiten beschlossene Sache. Die Gebäude des Klosters wurden wie eine „Mördergrube" umstellt. Wachen verschlossen die Türen zur Kirche und zum Kloster. Kein Jesuit sollte entkommen. Diese „Nacht- und Nebelaktion" wurde von den Häschern in rücksichtsloser Art und Weise durchgeführt. Man holte die Gottesmänner aus den Beichtstühlen, wo sie ihrer seelsorgerischen Pflicht nachgingen. Von Entsetzen gepackt, blieben die reuigen Sünder ohne Absolution zurück. Selbst beim Spenden einer Krankenkommunion gab es für die Übeltäter kein halten. Einer der Patres wurde gewaltsam vom Bett eines Schwerkranken weggeholt. Die Jesuiten wurden abgeführt wie Verbrecher und fanden in den Klöstern von Aschaffenburg, Amorbach, Bensheim, Dieburg, Engelberg, Lohr, Seligenstadt und Walldürn eine neue Bleibe.

Im Jahre 1814 wurde die „Societas Jesu" durch Papst Pius VII. wieder zugelassen. Auch wenn sich die Jesuiten weiterhin neueren Anfeindungen, Vertreibungen und örtlichen Verboten ausgesetzt sahen, wuchs der Orden rasch zu alter Größe an. In Aschaffenburg jedoch musste man bis zum Jahre 1917 warten, bevor die Jesuiten wieder kamen. 1967 zog der Orden seine letzten Patres aus der Stadt zurück.

Inhalt

Weitere Bücher aus der Region

Aschaffenburg – Farbbildband
Thomas Meßenzehl/Torsten Krüger
deutsch/english/francais
64 S., Hardcover, zahlr. Farbfotos
ISBN 978-3-8313-2765-2

Aschaffenburg gestern und heute
Carsten Pollnick/Michael Uecke
72 S., Hardcover,
zahlr. Farb- und S/w-Fotos
ISBN 978-3-8313-2243-5

Mainzauber
Sagen und Geschichte aus Aschaffenburg
Thomas Meßenzehl
80 S., Hardcover,
zahlr. S/w-Bilder
ISBN 978-3-8313-2756-0

Echt clever!
Geniale Erfindungen aus Bayern
Heidi Fruhstorfer
120 S., Hardcover,
zahlr. Farb- und S/w-Bilder
ISBN 978-3-8313-2992-2

Wartberg-Verlag GmbH
Im Wiesental 1 34281 Gudensberg
www.wartberg-verlag.de

Bücher für Deutschlands Städte und Regior
Tel. 0 56 03 - 93 05 0
Fax. 0 56 03 - 93 05 28